让法律被信仰

本丛书系中国政法大学制度学研究院科研资助项目成果

英 | 宪 | 精 | 义

李树忠 总主编
李松锋 执行主编

The Conduct of Parliamentary Elections in England

# 英国议会选举研究

罗隆基 著
刘志强 译

法律出版社
LAW PRESS · CHINA

## 作者简介

**罗隆基**

1898～1965年，男。字努生，号鲁参，江西安福人。20世纪中国著名自由主义知识分子、政治活动家与爱国人士。1913年考入清华留美预备学校。1922年赴美国留学，1923年获威斯康星大学学士学位，1925年获威斯康星大学政治学硕士学位，1928年获哥伦比亚大学政治学博士学位。攻读博士学位期间，曾远赴英国，追随并师从哈罗德·拉斯基访学。

1928年回国。曾在上海光华大学、中国公学、南开大学、西南联合大学任政治学教授。曾任《新月》主编、《益世报》社论主笔、《北平晨报》社长、《民主周刊》主编、民盟机关报《民主报》社长，参与创办《自由评论》。

曾任原政务院政务委员，原森林工业部部长，第一届全国政协委员会委员，第二届全国政协常务委员，第一届全国人大代表、常务委员会委员，民盟第一届中央委员、中央常务委员、中央政治局委员，民盟第二届中央委员、副主席。

## 译者简介

**刘志强**

江西安福人，法学博士。广州大学人权研究院法学教授，“广州学者”特聘教授，广东法制盛邦律师事务所执业律师。兼任中山大学法学理论与法律实践研究中心研究员、中国政法大学法律实证研究中心研究员。知名人权法专家，罗隆基人权理论研究权威学者。

研究方向：人权法学、理论法学。出版学术论著6部：《人权研究在当代中国的变迁》《人权法国家义务研究》《人权史稿》《人权 法治 民主》《现代中国人权论战》《罗隆基人权理论研究》。其中，专著《人权史稿》获2015年教育部等单位举办的第四届法律文化研究成果二等奖；编著《人权 法治 民主》获2013年度法律出版社最受关注十大好书；专著《现代中国人权论战》获2010年中国法学会宪法学研究会第六届中青年宪法学者优秀科研成果著作类三等奖。在《法学研究》《中国法学》《中国社会科学评价》《政法论坛》《法律科学》《现代法学》《法制与社会发展》《法学评论》等期刊发表学术论文60多篇，其中，合作论文《中国特色社会主义人权理论体系论纲》获2017年中国法学会第四届“中国法学优秀成果奖”一等奖。主持教育部人文社会科学重点基地重大项目、国家社会科学基金项目、教育部人文社会科学规划项目、中国民主同盟中央委员会委托项目、广东省高校人文社会科学重点基地重大项目、广州市哲学社会科学规划项目等16个课题。

献给我的父母

——罗隆基

# 总　序

## 一

英国作为世界宪政的母国,尽管迄今仍未有成文的宪法典,但为现代宪法制度开天辟地,夯土奠基。历史上那一幕幕政治大戏,铺陈了生生不息的宪制演进,成为宪法文明的源头活水。

1215 年的《大宪章》被誉为世界宪政史的起点。这份旨在保护贵族利益的契约性文件,虽昙花一现便沦为权力的俘虏,但前所未有地确认了一些法治原则,王权应受法律制约的理念得以彰显。这种现代法治常识在 800 年前无异于闪电划破夜空,点亮现代政治文明的烛火。《大宪章》还昭示着王权的“神圣”。纵使国王不得人心，贵族愤懑，却没有想“彼可取而代之”，而是维护传统政制合法性，杜绝了诸侯逐鹿的秩序坍塌，为发展至今的英国宪制奠定底线共识。

当年的贵族势力敌不过王权。自 1485 年都铎王朝开始，君主专制渐趋成型。直到查理一世专权独裁，不可一世，在风起云涌的大变革时代，仍固守专制政体，不愿和议会妥协，错失君主立宪之良机，终致人头落地，王权瓦解。向以保守著称的英吉利竟也陷入“城头变幻大王旗”的战争哀歌。

皇家无小事。亨利八世遭遇婚姻变局，遂祭起宗教改革的大旗，政治改革乘兴而起。1534 年《王位继承法》《至尊法案》《叛逆法案》的颁布，完成了英格兰和罗马教廷的分离。国王陛下取代教皇，成为英国教会在尘世间的最高元首，集圣职和俗务于一身，政教合于一体。《大宪章》宣告的王权有限早已杳无踪迹。君权源自天命，上帝之下，万人之上。“国王创造法律”，而非“法律创造国王”。除了脱离罗马教廷，宗教改革对英国国内政治亦有影响。教士垄断国家高级职位的局面被打破，重要职务开始由俗人担任。英格兰作为一个民族国家，从中世纪教会的桎梏中走出，政治世俗化。议会在处理国家、教会事务中，获得了新的生命力，成为英国政治中不可或缺的部分。

权力往往是残忍的。驯服桀骜的君主绝非易事，议会在和王权的斗争中尚还年轻。小小岛屿上，内战、共和、复辟和革命轮番登场。历史还需要等待下一次机会。

## 二

血流成河的暴力革命让各方力量逐渐意识到刀光剑影中没有胜者，谈判和妥协才是出路。于是，有了 1688 年的“光荣革命”。君主大位得以保存，但需遵照“王在议会”“王在法下”的原则。宪政史上的议会至上浮出人间。绝对君主制开始受到限制，并让于议会制。议会立法高于王权。国王不再高居法律之上，而是屈居法律之下，“虚君立宪”的政治体制渐次确立。

权力从国王转向议会，议会掌握了国家最高权力，无所不能。除了议会自己，任何部门都无权判决议会立法无效，法官概莫能外。绵延数百年之久的普通法宪制让位给议会至上的新宪制。议会主权不仅取代国王大权，还攫取了普通法法官的规则创制权。

相比于代议制政府来说,责任内阁制更显英国宪法的贡献。议会主权的落实最初还需仰仗国王及其亲信大臣。国王既是国家象征,又是行政首脑。罗伯特·沃波尔爵士(Sir Robert Walpole)1721～1742年领导辉格党内阁,集第一财政大臣与首席部长于一身,并亲自坐镇下议院,成为行政与立法的“中介”,沟通了国王与议会,被后世称为第一位首相。内阁制初现端倪,行政权力开始从王室向内阁阁魁转移。

宪法制度的稳固为英国工业革命提供了制度动力和坚固保障,助力英格兰在18～19世纪大国崛起,击败法国,取代西班牙,夺取世界霸权,成为“日不落帝国”。

## 三

第二次世界大战的硝烟伤了帝国元气,英国国力日渐式微,国际民族运动蓬勃兴起,昔日殖民地纷纷独立,大英帝国土崩瓦解,取而代之的是大不列颠及北爱尔兰联合王国。

为防止欧洲大陆再次沦为纳粹主义和国家社会主义的俘虏,诞生了《欧洲人权公约》,英国于1951年加入。虽然《欧洲人权公约》并非高于国内法的秩序规则,并不直接在英国法院适用,但是,《欧洲人权公约》的生效,意味着英国开始承认接受国际义务的制约,英国宪法不再只是国内法,而是包括了《欧洲人权公约》在内的国际法。

《欧洲人权公约》对民主、自由的强调,推动了英国普选权的落实以及对公民权利的保护。虽然该公约的具体内容直到1998年才被写进英国《人权法案》,但法官在司法实践中屡屡引用该公约规定解释国内法,填补普通法漏洞。更重要的是,1966年英国承认《欧洲人权公约》中的个人申诉机制后,英国公民可以向欧洲人权法院控告英国政府。英国公民五次三番地将英国告上了欧洲人权法院。宪制主权的概念随之发生变化。

1998年《人权法案》旨在“把权利带回家”,将《欧洲人权公约》中大量实质性条款引入国内法,使公约精神在英国法律中得以落实。《人权法案》要求内阁向议会提交法案时审查其是否与《欧洲人权公约》相一致,法院应尽可能按照与《欧洲人权公约》相一致的原则解释议会立法,如果无法作出相一致的解释,可以发布“不一致”宣告。“不一致”宣告并不导致法律无效,固然维护了议会至上,但法院作出的不一致宣告,犹如当头棒喝,令内阁和议会都将承受政治生命中无法承受之重。事实上，法院作出不一致宣告的法律，都被议会和内阁作了修改。虽然议会还掌握着最终话语权，但在保护人权的议题上，法院的制衡色彩愈加明显。

1973 年，英国加入欧共体，因涉及对议会和国家主权的限制，被誉为“数世纪以来最重大的宪法事件”，不仅颠覆了联合王国的宪法，还有可能颠覆王国自身。为此制定的《欧共体法》成了欧盟法和英国国内法之间的“管道”，即欧盟条约上的权利义务不经英国议会确认直接成为英国国内法的一部分，其效力高于英国国内的其他法律。议会不再是国内法的唯一制定者，欧盟机构分享了部分英国法的制定。2009 年，欧共体结束，欧盟接替。欧盟和英国议会共享主权的事实继续存在。

20 世纪末贵族院改革，大幅减少世袭贵族，改由任命产生。虽仍称贵族院，但议员非因身份高贵，而在术业有专。身份的变化，让贵族院议员更有政治底气，敢于向政府议案说不。微妙的变动推动着议会两院权力的重构。未来贵族院将如何改革，尚未有定论，但致力于打造一个“更加民主和更具代表性”的贵族院成了不可逆转的潮流。

1975 年，为决定是否留在欧共体，英国首次举行了全民公投。议会主权开始受到大众民主的制约。直接民主正在成为代议制民主的补充。虽然理论上议会仍然可以置公投结果于不顾,但在政治上显然不是明智之举。当下正纠结着的“脱欧”进程正能说明一切。

自加入欧共体以来的系列宪法改革,塑造了完全不同于戴雪笔下的宪法,并正推动着英国宪法迈向一个过去不曾预料的方向。

## 四

2016 年 6 月,51.9% 的选民在公投中支持脱离欧盟。2017 年《欧盟(通知退出)法》通过,拟将现有欧盟法律转换为国内法,为英国“脱欧”做法律准备。纵有万般纠葛,英国已走上“脱欧”的不归路。繁杂的政治、法律、经济等议题,不过是表明“分手”容易“离婚”难。但正如当初加入欧盟一样,脱离欧盟也必将在一定程度上塑造着英国的宪法。

英国宪法是流淌的文字。国家政治、经济、民族、文化发展过程中的重大且根本性问题,都在书写着英国的宪法。诚如智者所言,英国宪法每天都在变。政制中发生的都是宪法,即便什么也没有发生,那也是宪法。但这些变化中能称为宪法的规范还是清晰可辨,从集权走向分权是宪制变迁的主旋律。

国王、议会、司法、内阁、欧盟、公投,权力下放地方,把原本由一人独享的至高王权一步步拆分为多重力量的相互制衡。国家治理不再是白金汉宫或威斯敏斯特的权谋,而是“飞入寻常百姓家”,愈加凸显“我们人民”的政治力量。

这种长于历史的宪法,赋予英国宪制以神秘性,增加了他国临摹的难度,却为研习者提供了无尽的素材和无休止的乐趣(苦恼)。

## 五

近百年前,开眼看世界的华夏先哲已经注意到英国宪制的魅力,并致力于译介工作。雷宾南译戴雪名著《英宪精义》是该领域的扛鼎之作。历史峰回路转,中国终于踏上全面推进依法治国的征程。在此背景下,依托中国政法大学制度学研究院,接续先贤,为这伟大豪迈的事业添柴加薪,组织策划“英宪精义”丛书,译介英国宪制研究的精品。

本丛书以翻译英国宪法学界最新研究成果为主，注重对某个领域的精深研究，同时保持一定的开放性，既吸纳英国宪法史上的经典之作，也将适当考虑国内同仁的英宪作品。寄希望于推进对英国宪法的深层研究。

本丛书出版仰赖中国政法大学制度学研究院科研资助，幸得法律出版社法治与经济分社支持，一批青年学者戮力同心，在这个"不发表就出局"的时代，不计报酬，不求绩效，倾心译事。凡此奉献精神，皆令人感念至深。

期待学界同仁能不吝珠玉，在本丛书选题、翻译质量等方面直言不讳，共助这份微小但并非无价值的事业。

李树忠

2020 年 5 月 16 日于北京

# 前　言

本专著是笔者在1925年提交给威斯康星大学政治学系的硕士学位论文的基础上扩展写成的。

本书由三部分组成。前四章论述英国议会选举法律程序，其内容包含已经修改过的前硕士学位论文的相应部分。随后四章叙述选举制度的进行，其内容是全部新加进的，是笔者通过在英国进行了一年的调查研究写成的。最后三章是在之前论文论述相关问题的基础上关于选举中的舞弊和违法行为的论述。

在本书的第一部分，笔者主要将有关的政府法令和法规作为参考资料。胡赦·费雷泽(Huch Fraser)爵士和F. R. 帕克(F. R. Parker)先生在这些方面的权威著作使笔者受益匪浅，在此表示谢意。在第二部分和第三部分,笔者通过对为数有限的补选过程的观察所作出的讨论和结论也是肤浅的。笔者如有机会注视一些大选的话,会有助于丰富当时的观点。希望将来能够有幸有这样的机会来完成这个有趣的研究。

笔者感谢威斯康星大学政治学系主任弗雷德里克·A. 奥格(Frederic A. Ogg)教授对笔者硕士学位论文的指导;感谢伦敦大学哈罗德· J. 拉斯基(Harold J. Laski)政治学教授给予的支持,使笔者能够联系到不同的英国党派组织进行调查;感谢哥伦比亚大学的林赛·罗杰(Lindsay Roger)教授和霍华德·L. 麦克贝恩(Howard L. Macbain)教授在审阅本书手稿所付出的心血;最后,感谢笔者在清华大学就读 9 年的同窗和好朋友沈有乾(Eugene Shen)博士帮助笔者进行的最单调乏味的全书校对工作。

毋庸置疑,对全书中可能出现的任何错误,笔者个人负完全的责任。

罗隆基

1928 年 5 月 10 日

# 目　录


第一章　从解散到选举日　001

第二章　选举日　020

第三章　投　票　040

第四章　选举监察人及投票结果　062

第五章　竞选准备　081

第六章　组织竞选　101

第七章　演讲和宣传　118

第八章　拉票活动和交通工具　146

第九章　腐败行为　170

第十章　非法行为　196

第十一章　选举诉讼　211

译后记　230

# 第一章　从解散到选举日

用英国一位法律人的话说，议会由国王、贵族院、平民院组成。[1] 对政治学学生来说，议会指代的就是两院制立法机关，由贵族院和平民院组成。但是，在日常用语中，英国议会就是平民院。[2]

事实上，平民院是英国议会史上的主旋律。[3] 同时，政府机关所称的“议会”在盎格鲁－撒克逊时期叫作“国会”，在诺曼时期叫作“大议会”，参加会议的“平民议员”有郡选议员、市民

---

〔1〕 A. V. Dicey, Law of the Constitution, (London 1925) Ch.Ⅲ, p. 37.

〔2〕 S. Walpole, The Electorale and the Legislature, Ch.Ⅲ, p. 48. “用通俗的话来说，议会就是平民院；当内阁大臣向议会咨询时，就是向平民院咨询；女王解散议会时，解散的是平民院。新议会指的就是新平民院。”

〔3〕 A. F. Pollard, The Evolution of Parliament, Ch.ⅩⅥ, pp. 316－340.

和自治区的公民。[4] 此外，早在14世纪，议会官方手册中就规定，即使议会中主教、伯爵、巨头不参加，只要“平民”议员参加，国王就可召集议会。如果“平民”议员没有参加，即使主教、伯爵以及所有贵族连同国王都出席了，也不能召集议会。[5]

从语源学上来讲，“议会”这一词也更适合代表平民院而非包含贵族院的两院制。“议会”这个词曾被赋予了不同的含义。伊尔伯特(Ilbert)认为它的含义是“讲话”，最初是拉丁语。[6] 格拉哈姆(Graham)认为它的含义是“表达自己想法”，最早是法语或意大利语。[7] 还有人称其为“滔滔不绝”，最早是凯尔特语。[8] 不管哪种说法，都不可能包括贵族院。如果是第一种说法，那么，平民院每天做的就是代表英国人民讲话；如果是第二种，那么，只有平民院享有“表达自己意见”的特权；如果是第三种，那么，平民院真的是很能唠叨。从这些观点中可以看出，贵族院只是“国会”和“大议会”的副产品，平民院才是真正的英国议会。

---

〔4〕 J. H. Breasted, Outlines of European History, PartI, Ch.XVII, p. 421.
〔5〕 Pollard, op. cit., pp. 318 – 319.
〔6〕 C. D. Ilbert, Parliament, Ch. I, p. 1.
〔7〕 H. Graham, The Mother of Parliament, Ch. I, p. 2.
〔8〕 Ibid.

对英国议会选举的研究更加证实了这一结论。

起初,英国议会选举指的就是选举一个或多个成员到议会供职。[9] 1890 年 1 月 1 日通过的法案中,议会选举指的是选举一个或多个成员加入议会,在议会中代表郡或分郡、议员选区或其分区、大学或大学联盟。[10]

所有的这些定义中,“议会”一词显然指的都是平民院。

首先,贵族院不是一个代议机构,不存在代表郡、区或大学的贵族。因此,上述议会选举不适用于贵族院。其次,从引入这个制度开始,议会选举指的就是“平民”的选举,而非贵族的选举。我们不需要追溯到盎格鲁-撒克逊时期或诺曼时期,那时还没有议会。《大宪章》中有了后来议会的雏形,还有召集平民的目的。[11] 《人宪章》第 14 条规定:大主教、主教、住持、伯爵及大贵族须分别召集,其余土地承租人由治安官通过令状集体召集。把这当成现有选举制度的雏形确实有点夸张,但这至少显示了贵族院和平民院以及各自召集方式在最初的差别。[12] 国

---

〔9〕 17 & 18 Vict. ,c. 63. s. 17.

〔10〕 52 & 53 Vict. ,c. 63. s. 17.

〔11〕 W. R. Anson, The Law and Custom of the Constitution, (Oxford 1922) Ch.Ⅲ, pp. 46 - 53.

〔12〕 Ibid.

王逐渐发现,召集所有土地承租人是不现实的,于是,代议制应运而生。1295 年爱德华一世时期,有了代表会议,通过指定和特殊令状,分别召集了大主教、主教和贵族。同时,国王通过令状,要求治安官在每个郡、市、自治区选两名代表。这个代表会议里,显然只有“平民”议员是选举产生的。[13]

过去 600 年里,英国议会发生了很大的变化,但只有平民院是选举产生的,这项原则至今未改。当国王发布令状举行普选时,事实上也召集苏格兰贵族到霍利鲁德集会,通过古老而又独特的仪式为贵族院选出 16 位代表。但这绝不意味着英国的第二院成了选举产生的机构,也不代表议会选举是指贵族院和平民院的选举。绝大多数贵族院贵族都不是选举产生的,只有极少数贵族在名义上是选举产生的,绝大多数都是终身贵族。换句话说,只有因为过世或者被剥夺公民权导致议会出现空缺时,才会再遴选贵族。

贵族院中,从某种意义上说是通过选举产生的贵族,只有 16 名苏格兰贵族。关于这个问题,有几点需要注意。该项制度出现在 1707 年,并且,从各方面来看,当时只是作为临时措施。

---

〔13〕 W. R. Anson, The Law and Custom of the Constitution, (Oxford 1922) Ch.Ⅲ, pp. 46 – 53.

苏格兰贵族获得英国贵族地位的情况并不多见。根据法律规定，接受这一头衔的苏格兰贵族，就不能再以苏格兰代表的身份进入贵族院。同时，国王还通过联合法案明确禁止新增苏格兰贵族。[14] 正如詹姆斯教授所言："这一规定会导致，在不远的将来，16 位苏格兰贵族一个个被选为英格兰贵族后，就会出现无人可选，甚至导致贵族院议员不足。"[15] 我们还可以进一步假设，如果因为死亡或者其他原因导致很快出现苏格兰贵族消亡，那么，霍利鲁德荒诞的选举仪式也将不复存在。即使这种做法还能维持一段时间，所谓的选举也不过是一群贵族从自己群体中选一些代表，代表他们这个特殊群体的阶级利益。这种选举没有竞争，实际上，这也称不上是真正的选举。

议会和议会选举就有这些定义。在目前这个话题下，"行为"一词包含三类选举活动：(1)选举的法定程序；(2)竞选；(3)选举中的舞弊行为。第一类是从政府官员的角度来说，这些官员主要是选举监察人；第二类是从竞选者(或代表各自选区的不同候选人)的角度来说；第三类是从选举法庭和法官的

---

〔14〕 Act of Union of 1707.

〔15〕 E. Jenks, The Government of the British Empire, (London 1913) Ch. Ⅵ, pp. 122 – 123.

角度来说。根据上述三类行为,笔者将本书分为三部分。

继续这一话题之前,我们先说说不同的选举。英国有两种选举:普选和补选。举行普选的原因可能是议会解散,议会解散可能是因为5年任期届满,[16]或是名义上由枢密院建议,实际上是由首相请求,国王在议会届满前依据特权解散议会。补选的原因有:(1)议员接受了国王授予的带薪职位;[17](2)擢升或继承贵族席位;[18](3)死亡;[19](4)当选后不能胜任;[20](5)改为代表多个选区竞选;[21](6)被要求退出;[22](7)被驱逐[23];(8)宣布破产。[24]

关于补选,还需要提到以下几点。根据法律规定,一经当选为平民院议员,不得辞职。所以,由于辞职而举行补选的情况并不多见。但是,议员可以通过其他途径规避不得辞职的要求。

---

〔16〕 The Parliament Act 1911.

〔17〕 6 Anne, c. 41, s. 28(b) and 41G3. c. 52, s. 2.

〔18〕 Ibid.

〔19〕 39 – 40 G Ⅲ, c. 67, s. 2.

〔20〕 H. Fraser, Law of Parliamentary Election and Election Petitions, (London 1922) pp. 9 – 10.

〔21〕 Ibid.

〔22〕 Ibid.

〔23〕 Ibid.

〔24〕 52 – 3 G3, c. I44, s. 2 & 3.

根据《安妮法典》第六卷二十五章第 41 条规定，平民院议员任职期间接受国王授予的带薪职位时，选举无效，“需颁发令状，重新进行选举，该议员视为自然死亡”。该条例还规定，“自然死亡”的议员，如果愿意，可以重新参加议员选举。直到今天，平民院议员因为某些原因或欲求，需要辞职的，都会申请一个有名无实的职位，规避法律约束。还存在的这种职位有奇尔特恩英皇直属领地的管理职位和北约克庄园管理职位。

前文已经提到，只有任期届满或国王行使特权解散议会时，才举行普选。自 1837 年选举以来，除了 1918 年 11 月 25 日的选举，其他普选都不是因为任期届满。1918 年那一届议会维持了 7 年零 9 个月，因为超过了 5 年任期而解散。[25] 延长 2 年多任期的理由是第一次世界大战，不方便普选。通常来说，议会的平均任期大约是 4 年。最短的任期是 1886 年那次，从成立到解散只有 5 个月零 14 天(从 1886 年 1 月 12 日至 6 月 26 日)。相比之下，查理二世曾维持他的议会长达 17 年。但是，自《三年法案》(又称为《议会解散法》)通过后，这种情况就不会再出现了。

---

〔25〕 目前的议会看样子是要持续 5 年任期。

1867年之前，国王死亡也会影响到议会的“寿命”。1867年之后，国王的寿命不再影响议会的“寿命”。如果议会解散之后发生了更换君主的情况，根据法律规定，在颁布令状选举新议会之前，旧议会应当继续维持6个月，[26]除非继任国王提前宣布解散。如果新议会刚成立就发生更换君主的情况，应遵循习惯法中的终止和解散条例。新议会不受6个月的任期限制。

还值得注意的是，如果《乔治四世法典》第三十七卷第127条第4款实施的话，可能会出现很有趣的情况。前文提到，如果旧议会解散，新议会产生之前，国王去世，正确的做法是重新召集旧议会。在这种情况下，如果旧议会不是根据解散条例而是因为其他原因解散的，那么重新召集旧议会实际上就意味着让在野党重新执政。如果这种情况真的不幸发生，结果肯定很尴尬，且不可行。为避免以后出现这样的尴尬情况，笔者建议像这样过时的法律应该从法典中删去，任何情况下，议会的“寿命”都应独立于国王的寿命。为了避免出现上述“青黄不接”的局面，应该由法律规定，旧议会一经解散，无论国王怎样，都应立刻召集新议会。

---

〔26〕 37 G.Ⅲ, c. 127, s. 4.

当政府——确切地说,应该是执政党——在平民院选举中遭遇失败或预感要失败时,或者执政党出于政治考虑,认为解散议会重新选举是明智之举,首相会请求国王下令解散议会,国王一般都会批准,接下来就是按国王圣谕解散议会。

为了更具体地分析这个问题,笔者以最近一次解散议会(1924 年 10 月 9 日)为例,予以分析。

10 月 8 日麦克唐纳政府在平民院选举中失败,执政内阁决定解散现有议会。

10 月 9 日上午 10 点,麦克唐纳先生觐见了国王乔治五世,请求解散议会。11 点,首相匆忙地参加了一个内阁会议。当天下午 1 点 45 分,麦克唐纳先生参加了工党集会,并在会上宣布国王已同意解散议会,敦促党内成员为新的选举做好准备。下午 2 点 45 分,平民院集会,会上发生了下面的场景。[27]

会议将要结束时,反对党领袖鲍尔温先生站起来,向主席官请求说几句话:

"我想请问首相先生有什么消息要传达吗?"

麦克唐纳先生回答道:"我很遗憾地说,昨天由于两反对党

〔27〕 27 London Times,October 10,1925.

的行为导致不得不进行新的选举，因此，我今早觐见了国王，请求解散议会，国王授权我在此宣布他已经同意解散议会。”

这一问一答之后，平民院宣布休会。下午4点15分，贵族院召开会议，完成未尽事宜，并对《爱尔兰法案》作了最后修改。下午6点，两院在贵族院集会，委员会颁发御准：《爱尔兰自由州法案》获准通过，现有议会解散。

国王御准之后，由贵族院议长宣读国王讲话。讲话内容通常都沿用古老的格式，开头通常是：“诸位勋爵及平民院议员们”，接着感谢“平民院做出的贡献”，最后，以一种庄严的传统语调总结道：“在此向各位告别，愿全能的上帝保佑你们。”正式的告别演讲结束后，贵族院议长以国王名义，遵照国王命令，解散议会。

10月10日，《伦敦公报》刊发公告，旧议会解散，召集新议会。

公告内容主要分为两个部分。第一部分宣布议会解散，声明“平民院内各郡、自治区的伯爵、市民、自治区公民、委员卸任”。第二部分则是进一步宣布：“根据枢密院的建议”，国王已经下令，由英国贵族院议长召集大不列颠和爱尔兰总督“根据各自收到的通知，立即按照法律规定，正式发布令状，召集新议会”。

接下来的事情自然就是发布令状了。从历史上来看，通过令状召集议会是跟议会同时产生的。平民院职员亨利·艾肯基在《议会的古老传统》一书中讨论了颁布令状的古老方式。他指出，第一次用令状召集议会是在亨利三世49年。[28] 显然，令状的起源可追溯到13世纪。

选举性质不同，颁布令状的委任状来源也不相同。在普选中，直到近期，其做法都是将国王亲笔签名的委任状颁布给贵族院议长，由议长根据性质颁布需要的令状。现在，使用的是《议会条例》规定，“今天，国王下令宣布解散现在的议会，并召集新议会”。[29] 补选的所有委任状都由平民院议长颁布。如果在会议期间出现了空缺席位，且还没有相应的选举，议长就根据平民院要求，颁布委任状。[30] 如果是在闭会期间出现了空缺席位，不管是休会还是中止集会，均应根据法定程序，基于不同情况，

---

〔28〕 G. H. Jennings, Anecdotal History of the British Parlament, (New York, 1883) p. 4.

〔29〕 W. R. Anson, Law and Custom of the Constitution, p. 53.

〔30〕 Stephen's Law of Election, p. 46.

向平民院议长提交令状证明,由议长颁发。[31] 如果议长缺席或死亡,则由议长专门委任的议员行使该项权力。

目前,使用的令状形式是由1872年法案规定的,共有4种:(1)传唤英国世俗贵族的令状;(2)传唤神职贵族的令状;(3)邀请法官出席的令状;(4)发给郡长或区长以及选举监察人的令状。前三种显然都是给贵族院的,只有最后一种是给平民院的。

传唤世俗贵族和神职贵族令状是一样的,只是,传唤神职贵族是要他们的"信和爱",传唤世俗贵族是要他们的"信和忠"。不会专门用令状邀请法官、检察官和律师与前面提到的教士、贵族和勋爵一起出席,但是,令状中提到,"与我们及其他成员一道,为我们提供意见",由此可知,他们也是被邀请的。这就是传唤令状和出席令状的不同之处。尽管几个世纪过去了,这些令状的主要内容还保留着中世纪的措辞和形式,尤其是颁布给神职贵族和世俗贵族的令状。

颁发给郡长或区长以及选举监察人的令状形式就非常现代、简短。古老形式中的表述是召集"两名最合适、最谨慎的佩剑爵士"、两名"最合格、最谨慎"的市民和两名"最合格、最谨

---

〔31〕 F. R. Parker, The Powers, Duties, and Liabilities of An Election Agent and of a Returning Officer, (London 1920) Ch. X, pp. 218 -219.

慎”的自治区公民。按照令状要求,这些人都应该是选民根据法律规定,“自由独立”地选举产生,并授予他们“绝对权力”,“当联合王国的平民院在上帝祝福之下委任他们某些事情时”,他们有权去做或表示认可。

这些选举产生的议员可以“享受与教士、贵族、勋爵一起开会的待遇”。引号里这样的句子在现代简短的令状中都不会再出现了。新的令状说明新议会开会时间,要求选举监察人根据法律规定组织选举,最后是命令相关官员立即呈报当选的候选人。令状里并没有指明召唤的对象,也省略了“享受与教士、贵族、勋爵一起开会的待遇”等这样的句子,下面是现代令状的内容:

大不列颠及北爱尔兰联合王国和英国海外领地的国王,信仰卫护者,上帝福佑的乔治五世,向______问好。

根据委员会建议,我们将在______年____月____日于威斯敏斯特召集议会,特要求你,按照最初确定的选举时间和地点,根据法律规定选举议员______名,代表______选区参加议会。一旦选出,无论他是否出席,都要将其名字立即呈报给议长,不得延误。

国王在位第______年____日，耶稣诞生第一千九百____年。为新议员选举，特颁此令状。[32]

令状在下达过程中一定要小心，如果下达出现错误，将导致后来的选举无效。如果还没有宣布第一次选举无效，也没有宣布席位空缺，就下达第二次选举令状，据此进行的选举便没有法律效力。再强调一点，所有令状都必须直接交给负责执行令状的官员，除此之外，不能给其他任何人。[33] 除了颁发给位于伦敦和米德尔塞克斯内的选区及距伦敦、威斯敏斯特、萨瑟克区5英里之内有办公室的选举监察人的令状外，其他所有令状都要送到伦敦邮局总部，密封后通过一等邮递方式分送到各接收地附近的邮局分局，再由分局送给各选举监察人。如果是伦敦和威斯敏斯特选区或选举监察在附近的选区，令状由信使、国玺随从或其副手亲自送给监察人。[34] 无论由谁担任信使，都不可收取任何小费、奖赏或赠物，[35] 但要确保监察人收到带回的消

〔32〕 35 –6 V. c. 33, s. 28.

〔33〕 7 –8 W.Ⅲ, c. 25, s. 1.

〔34〕 53 G.Ⅲ, c. 89, s. 1.

〔35〕 Ibid., s. 5.

息。[36] 尽管给各选区监察人送令状的邮寄员不是同一个人,但是送达的方式必须是一样的,都要在收据上表明送达的日期和时间。邮局局长必须将这些信息记录在案并备查。因在投递过程中或收据环节没有正确按照法律规定履行职责,要面临刑罚。

选举监察人在收到组织新选举的令状后,应公布这一消息。该行为叫作选举通知。1872 年之前并没有法律规定这些事情,部分原因是席位被少部分贵族垄断,他们认为秘密更换议员才是有利的、明智的;还有部分原因是,广大选民对此漠不关心,他们不关心何时、何处进行选举。随着时间发展,选民们开始对选举等事情越来越感兴趣,因此,要求选举公开、公正进行。因此,《选举法》规定:"如果是郡级选举,选举监察人应当自收到令状当天后的两天内或者第二天发出选举通告。"[37] 为防止 1793 年于晚上 11 点至 12 点发布选举通知的恶作剧再次发生,《选举法》还规定,选举通知必须在上午 9 点至下午 4 点发布。这个问题还涉及是否可以在星期天发布选举通知。《选举法》颁布之前,很明确,可以在星期天发布选举通知,[38] 但是《选举法》没有

---

〔36〕 53 G.Ⅲ, c. 89, s. 1.

〔37〕 Ballot Act 1872.

〔38〕 Parker, Ch.Ⅺ, p. 224.

提到这个问题。

此外，选举通知必须以公告、布告、传单的形式发布，或以选举监察人认为“能最好地将信息传递给选民”的形式发布。[39] 如果是郡级选举，监察人“应当将选举通知通过邮件密封邮寄到距每个投票站最近的邮局，邮寄同样是免费的。邮局局长收到邮件后，则以正常发布邮局通知的方式完整发布此选举通知”。[40] 选举通知需要说明：(1)选举日期；(2)选举具体时间；(3)选举地点；(4)获取提名表的日期、时间和地点；(5)提名表填写说明和邮递方式。[41] 同时，选举监察人还要发布对贪污舞弊和非法行为的警告。

过去，决定选举日期、时间和地点的权力通常都因为党派政治而被滥用，但是，由于相关法律条款的完善，在本章的简介中需要对目前的制度安排做一些交代。《选举法》颁布之前，选举日期、时间和地点完全由选举监察人决定。唯一的限制是，根据《大宪章》规定，选举监察人必须在 40 日内回复令状。与苏格兰联合后，这一限制又增加到了 50 日。因此，在 1784 年著名的

〔39〕 Ballot Act 1872, R 46.

〔40〕 Ibid. , R1.

〔41〕 Ballot Act 1872.

威斯敏特斯事件中，选举延长了6周，[42]但也完全合法。1796年法案将时间改回为40日，1852年又将日期缩短到35日。由于通信系统的改进，节约了颁布令状和回复令状的时间，所以，后来，时间又缩短为20日。[43]

除了压缩回复令状时间之外，目前，选举监察人无权决定提名和选举的日期与具体时间。可以说，尽管在递补选举中，选举监察人还保留有部分决定权，但在普选中，监察人已经完全没有决定提名和选举日期与具体时间的权力。1918年法案规定，普选的提名日期“在任何情况下都是国王宣布召集新议会的第八天”，投票日期“在任何情况下都是确定举行选举后的第九天”。[44] 在郡级递补选举中，选举监察人只能在收到令状的9日内确定提名日期，在提名后的8日内确定投票日。[45] 在区和学校选区的递补选举中也是如此，只是有时候中间间隔的天数不一样。因此，无论是普选还是递补选举，关于确定选举日期和具体时间的问题，选举监察人能做的实际上就是根据令状的指

〔42〕 S. Walpole, The Electorale and the Legislature, ch.Ⅳ.

〔43〕 7 – 8 G. V. , c. 64, s. 21(3).

〔44〕 7 – 8 G. V. , e. 64, s. 21.

〔45〕 Ibid.

示决定。

确定选举时间时,除了上述法律规定,还要考虑传统因素和实际情况。在所有递补选举中,为了保证有尽可能长的时间为缺席选民送选票并收回选票,投票日期都定在最后一天。不过这里强调一点,犹太选民不能在星期五投票,因为他们的宗教信仰不允许他们在这一天填写选票。而且,他们如果不是文盲,也不能让别人代替填写选票。星期六也不能投票,原因有二:第一,这一天授权选举主席替犹太选民填写选票,因此,选举主席可能忙于此,无暇履行其他应尽的选举职责。第二,星期六晚上不适合统计选票。如果凌晨之前统计不完——通常确实统计不完,投票结果就只能在周日宣布。这种情况下,如果计票人因周日禁止工作而拒绝在周日计票,统计选票工作就不得不中断,延迟到周一再进行,这就会导致宣布结果的时间延迟,选举兴致也会受到影响。这些都是间接影响选举日期和具体时间的实际问题。

关于提名和选举的日期和时间,选举监察人现在已不再享有自由决定权。根据法律规定,提名时间被限定在上午 10 点至下午 2 点;投票时间经法律延长到选举日上午 8 点至晚上 8 点。[46] 学校选区由于选民比较分散，提名和投票时间比其他情况要长一点。

至于提名和投票地点，决定权还在选举监察人手里。具体规定将在下章分析。

〔46〕 Ballot Act 1872.

# 第二章　选举日

人们常把投票日误以为是“选举日”。事实上，选举日只是提名日的法律术语。实际上，选举日当天，就是将不同候选人的提名表交给选举监察人，仅此而已。如果选举是等额选举（有几个空缺就有几个选举人），选举结果可能会在提名结束后就公布，除此之外，所谓“选举日”所做的事情对选举结果不会有什么重要影响。

过去，提名和选举之间没什么差别。国王向警长和地方法警颁发令状，要求举行新的选举，警长和地方法警就询问贵族和地主们，他们要派谁去参加议会。这个小仪式，最初是在司法院举行，后来转到公共集会，由贵族宣布他们的提名人。历史上称之为提名。但因为它对选举结果影响巨大，所以，从任何意义上来说，这也可以称为选举。这种奇怪现象很好解释。早在1832

年以前，英国各区、郡的选举权不过是少数富人贵族的私人特权，他们完全依自己的想法任意安排。实际上，整个国家公开承认“选举巨头”和赞助人，对于他们在这些事情上的影响力，其他阶层的人民鲜有质疑。所以，在选举中，“选举巨头”和赞助人的决定就是结果。偶尔会有人竞争这些被垄断的席位，就需要选民进行登记投票，表达意愿。投票是以“举手表决”的形式举行，对选举结果没什么影响。所以，过去人们把提名日叫作选举日，是恰当的。

从很多方面来看，提名制度的演变非常有趣。因为代表权被少数贵族垄断，提名形式常常滑稽可笑。据说，曾经有个贵族，代理人问他选谁来做某个地区的代表，他任命了“时尚白色俱乐部”的一个服务员，但他又不知道那个服务员的确切名字，导致选举无效。后来确定那个服务员的确切名字时，又举行了一次选举，并且“白色俱乐部”的那个服务员不负众望地当选了。[1] 对这种奇怪现象，有双重解释。对于一些贵族来说，作为赞助人，控制提名只是一种潮流罢了。“一个富有的、控制提名的平民，如果承诺支持政府，一般都可以获得贵族地位”。因

---

〔1〕 Charles Seymour and D. F. Frary, How the World Votes, (Springfield, Mass., 1918), p. 86.

为都想要去提名别人,而不是被提名,赞助人自己不愿意坐在议会席位里,而是随便派个人到威斯敏斯特去。另外,普通选民对这些事情不感兴趣。投票被认为是政治累赘而不是特权,所以很少有人会关心投票选举。对于那些穷人,坐在议会席位上是负担,而不是荣誉。因此,那些有资格的倒不一定会成为平民院的议员。由于这些原因,早期的提名是个极其无趣的事情。

后来普通大众的政治态度逐渐发生了改变。一系列改革运动后,特权被放宽,选举赞助人影响力或多或少下降了,过去单调又不受关注的提名,变得令人兴奋且异常激烈。直到 19 世纪中期,确定所有提名的公共集会可称得上与现代马戏团表演和体育运动一样激烈精彩。诚如一位议员在 1872 年所说,"这通常使人们花钱多,难掌控,又毫无用处,还可能使宪法和代议制度被人轻视,也使得选区里最平和、最智慧的那部分因为和选举沾上边而被人厌恶"。[2]

1870 年议会开始讨论改革问题。1872 年《选举法》通过。正是这部法律与旧系统划清了界限。尽管,事实上,"公共集会像表演戏剧一样,经常充斥着怒吼、尖叫、唇枪舌剑,甚至是比兔

〔2〕 Parliamentary Debate, 1872. Vol. 201, p. 431.

皮还要难闻且有害的导弹飞行”。[3] 经过一番努力挽留之后，旧制度还是被废除。议会在讨论《选举法》时，进行了以下辩论：

奥斯本(B. Osborne)先生说：“在我看来，这个法案中最有价值的条款之一就是提议废除提名。尊敬的绅士们谈到了选民的想法，好像每次选举的提名中都倾听了每个选民的想法曾受到过关注一样，仿佛此前大家不知道去咆哮，发出嘘声，甚至用酗酒来降低身份。据说，在这一天，真正有英国血统的人都感到兴奋。但现在，哪个真正有英国血统的人参与了提名？为什么代表强力的基督教、职业拳击手或这一类人？我和在座各位一样，花钱训练这些绅士们的服务水平。我有一个最得力的支持者，住在诺丁汉。他是一个绅士，总是打扮得像英格兰国教会的神职人员，但他的真实身份是英格兰的上届冠军，名叫本迪戈(Bendigo)。这确实就是最古老的传统！”[4]

另外，这一传统的捍卫者布弗里(Bouverie)先生说：“如果

〔3〕 Henry W. Lucy, The Method of a British General Election, Forum Vol. 30, p. 195.

〔4〕 J. H. Jennings, Anecdotal History of the British Parliament, Ch.Ⅲ.

平民院接受这一条款，提名就会变得像葬礼。他们可能会在提名过程中，敲响教区教堂的钟声”。[5]

除了布弗里先生这个过于情绪化的论点，还有其他一些保留公共集会的理由。根据平民院决定，于1870年成立了选举制改革委员会。该委员会在报告中指出了维护旧体制的主要理由：(1)废除旧体制会妨碍选民的自由选择；(2)剥夺了候选人在被对手诬陷时澄清的机会；(3)鼓励为了制造烦恼或欺诈其他候选人退出竞选而提名。事实证明，废除旧体制后，委员会提出的这几点没有一点合乎实际。相反，1872年法案提出的新体制更加经济、高效，最重要的是，更加平稳、有序。为说明这一点，笔者引用同一选区中两个提名的报道，一个是1872年之前的报道，另一个是之后的报道。

1868年《选举法》通过的4年前，英国《泰晤士报》报道了布莱克本(Blackburn)的提名：

在坎特伯雷街上有近80,000人聚集在台前，各党派群众被

---

[5] J. H. Jennings, Anecdotal History of the British Parliament, Ch.Ⅲ.

8 英尺高、牢固的屏障分隔开来。40 位恩尼斯杀手和 80 个步兵于周日抵达小镇，驻扎在市政厅里。

市长向公众呼吁，选举要在不流血、无冒充的情况下进行，大家要像英国绅士一样去投票。

市长话音刚落，许多小伙子开始往这群人中扔渣块，尽管市长和台上的绅士竭力规劝，双方还是很快打了起来。由于场面紧张，一个法官召来了骑兵，还有一些士兵飞奔到了现场。当时市长手中还拿着暴动法案，他向人们保证如果再扔一块石头，他就宣读法案。〔6〕

报道中还说，因为出动了士兵，打斗就停止了。之后提名程序恢复，提出了所有候选人，接着，每个候选人都在公众的大喊大叫中发表了长篇演讲。演讲结束后，法警让大家举手表态。首先是给保守党投票，站在右边的密密麻麻的人都举了手。在外围还有一群人，呼吁支持自由党派候选人。因此，法警宣布保守党获胜。自由党候选人也举手表决。这样才算完成了提名。

4 年后，在 1874 年的普选中，英国《泰晤士报》针对同一选

〔6〕 Landon Times, Nov. 17, 1868.

区提名做了如下报道：

上周六进行了本区候选人提名，预估持续时间为中午 12 点到下午 2 点，但程序都很简短，基本上就是走个形式。整个仪式在下午 1 点前就结束了。[7]

看完这两个报道，就会发现，在同一选区不同时间进行的提名，对比何等明显。这充分证明，现代体制比旧体制有了极大改善。

这促使我们研究现代体制。1872 年《选举法》作出的最重要改变是，“应当书面提名代表各区、郡的议员候选人”。[8] 在此之前，正如我们所描述的，提名都是口头举行。提名候选人之后，“向主要是没有选举权的民众”[9]发表一通解释性的演讲。此外，该法案规定，候选人必须是合格的登记选民。上文提到的“白色俱乐部服务员”，尽管他可能是“时尚”的，但除非他是一个真正的选民，否则就不能被提名。同时，“无名氏”不能提名、

〔7〕 London Times, 1874.

〔8〕 35 – 36, c. 33, s. 1.

〔9〕 Willam R. Anson, The Law and Custom of the Constitution, Ch.Ⅸ, p. 157.

附议或签署提名表。法律要求,“提名表必须由该郡或该区两名登记选民作为提名者或附议者提交”。[10] 此外,提名表必须由“同郡或同区的8名登记选民签署才能予以提名”。[11] 根据法律规定,选举监察人无权向“任何一个不合格的、无登记的选民”提供提名表。[12]

《选举法》还对提名表的格式作了规定。[13] 打印出的提名表要以空格开头,让提名者和附议者填写各自的姓名和地址,并宣布“他们特此提名下列人员作为适当人选,在议会中代表各自县或区任职”。然后,清楚填写候选人的姓、名、住所、等级和职业等,在提议者和附议者的下面是8名支持者的签名。

《选举法》规定,“应当用专门的提名表提名候选人”,并且,“应当根据选举监察人的意见描述候选人,使其能够充分辨认该候选人”。[14] 在满足上述要求后,提名表上列的候选人名单中必须全部列明各候选人现在使用的完整真名。如果对候选人

---

〔10〕 35 -36 V. ,c. 33,s. 1.

〔11〕 35 -36 V. ,c. 33,s. 1.

〔12〕 35 -36 V. ,c. 33,s. 3(3).

〔13〕 35 -36 V. ,c. 33,sch. 1,part 2.

〔14〕 35 -36 V. ,c. 33. First schedule,Part Ⅰ,r. 5,and r. 6. Fraser,Representative of the People Act,p. 212.

名字有任何疑问,通常要给出法律上认定的名字和为人熟知的名字。使用不为人知的缩写的宗教名字是无效的,除非这种缩写是人们平时经常使用的,比如"Wm"代表"William"。此外,荣誉头衔也算作人名的一部分。

法律意义上的住址就是被提名者与家人生活并且"晚上睡觉"的地方,而不是他工作的地方。法律要求,必须详细准确地填写地址所在的城镇、街道、门牌号等,只要有一处错误,选举无效。

"等级"是指荣誉级别。"职业"是指称呼、使命或众所周知的行业。"工作"是指具体行业、职位或工作单位。在填写提名表时,所有这些都应该加以区分并正确填写。[15]

除非只是纠正细小笔误,否则,签名之后,不得修改提名表或添加其他内容。由于轻视这些规定而出现的任何错误都可能导致提名表无效。例如,英国《泰晤士报》报道,1918 年的普选中,在达特默斯中心区,银质徽章候选人的提名表因为没有按照正确的方式填写而被否决。为了减少类似的技术难题,该法还规定,"如果经法院审理,选举遵循了本法规定的基本原则,就

---

〔15〕 F. R. Parker, The Powers, Duties, and Liabilities of An Election Agent and of a Returning Officer, Passim.

不应因为未遵循这些技术性规则而宣布选举无效”。[16]

关于提名表的格式和填写就说这么多。另外,各候选人上交的提名表数量也值得注意。上文已经提到,根据法律,必须用专门的提名表提名候选人。从法律上来说,一个候选人一份提名表就足够了。[17] 但在现实中,由于种种原因,没有人会冒险只交一份提名表。笔者作为旁观者出席的少数选举中,候选人提名表最少是10份,最高达100份。休斯顿(H. J. Houston)先生写道,“从策略上来说,我建议每个分区的投票会场,无论人口总数多少,至少有4份提名表,两份由男性签署,两份由女性签署”。[18] 笔者采访了一些选举代理人,得知提名表应由男性和女性分别签署。从心理层面来说,由不同组织的代表签署的提名表是非常有效的。在最近一次选举中,笔者通过与从中央委员会办公室到分委员会办公室的交流中获知如下建议:“应尽早拿到一份由工会领导人签署的提名表,一份由共和党人及其妻子签署的提名表,一份由主要教会领导人签署的提名表,一

[16] 35 - 36 V., c. 33, s. 13.

[17] 35 - 36 V., c. 33, First schedule r. 5.

[18] Henry James Houston and Lionel Valdar, Modern Electioneering Practiced, Ch. 4, p. 26.

份由退役军人签署的提名表，以及其他自己认为由必要的组织签署的提名表。”建议的结尾还强调，应该仔细并迅速完成上述内容，此外，还解释说，其目的是“尽早在公众心目中制造一个信念，那就是我们的候选人得到了整个选区的坚定支持”。

恰当准备并签署好这些提名表后，接下来就是呈交提名表。在这个阶段，有 4 点法律要求：(1)由谁上交；(2)由谁接收；(3)什么时候上交；(4)在什么地方上交。根据法律规定，提名表应当由候选人本人、提名人或附议人，[19]在规定的选举时间内，[20]在选举地点呈交选举监察人。至于时间，所有提名表都应在选举通知中规定的时间内呈交，不得延迟。选举监察人也无权延长期限。根据帕克尔(Parker)先生的说法，[21]有一次，一位候选人和其提名者、附议者正好在钟声响起的那一刻进入提名办公室。选举监察人当即宣布提名结束，并拒绝了他的提名。虽然那个候选人抗议了，但最后还是被劝出办公室，并且，仅仅因为迟到了一分钟而错过了机会。

---

〔19〕 35－36 V.，c. 33. Sch. Ⅰ，r. 1－6，r. 7.

〔20〕 Ibid.

〔21〕 F. R. Parker, Powers, Duties and Liabilities of an Election Agent and of a Returning Officer.

现代提名是在一间小办公室里进行的，而不是一个露天大会。只有提名表上提名的候选人、提名人和附议人，以及每个候选人“选中的其他一人”能够进入。当然，这里“选中的其他一人”指的是选举代理人。各候选人、代理人，偶尔还有一些提名人或附议人，在规定时间聚集在选举地。他们提交提名表，由选举监察人进行检查。出于礼貌，选举监察人或其助手会介绍候选人互相认识。他们会互相问候，但不会发表演讲。竞争候选人之间除了相互“握手”之外，不会“举手表决”。过去要在骑兵和步兵的保护下，才能在嘈杂和混乱中进行的事情，如今变成了一个安静、平和的事务。[22] 下面对递补选举中一次提名的详细描述，再现了现代提名的情形：[23]

今天早上，市长来到了委员会办公室，接受候选人的提名。这个有趣的过程定于上午10点到12点进行。M先生第一个到达，他摆了姿势，难免是要拍照的。正在这时，P先生来了，同行的还有他的代理人、两名朋友及两名提名人。B先生也在代理人贝尔切尔(Belcher)先生及其妻子的陪同下赶来了。

---

〔22〕 35 & 36 Vict. c. 33. First schedule, R. 8.

〔23〕 London Time, 1927, December 8.

P先生交了50份提名表,B先生交了10份,M还提交了整个预算以及更多的材料。联合党派的提名表由当地一些酒馆老板签署,还有8份由妇女签署;新奇的是,工党提名表有一份由从未投过票的年轻人签署,另一份由退伍军人签署,还有一份由工党议员和他们的妻子签署。B先生的提名表由退役军人、女性和各教派教会人士签署。

这3个候选人在竞选中第一次见面,工作人员介绍他们互相认识。检查提名表和保证金的活动一直持续到上午11点20分。然后,所有的提名表都由市长接收,新闻社摄影师给市长、工作人员和3个候选人拍了合照。

事实上,候选人的提名表按时上交并被接收,并不能确保提名有效。法律规定,依据法定程序,[24]可以拒绝提名。《选举法》要求,选举监察人在提名结束后,继续留在办公室一小时,以接受关于提名表的反对意见。选举监察人本人、竞争对手或其代理人,或是任何合格登记的选民,都可以对提名表的有效性提出质疑。重要的是,所有异议必须在规定的时间内提出,因为

---

〔24〕 35 - 6 V., c. 33, Sch. Ⅰ. r. 12.

“如果没有在选举规定的时间或事后一小时内对提名表提出异议”,则可认定候选人已经被提名。[25] 除了对提名表格式的异议,其他异议可以在任何时间提出,但应该向选举法庭提出,而不是提给选举监察人。

可能反对提名的主要理由有:(1)提名表上的描述不全面;(2)该候选人是外国人;(3)候选人未满21岁;(4)候选人担任圣职;(5)候选人不是合格的官员;(6)候选人是王位继承者;(7)候选人有重罪或舞弊行为;(8)候选人是已解除债务的破产者;(9)候选人是该地区的贵族。[26]

选举监察人有权对反对意见作出决定,但他的权力仅限于反对提名表上的技术性问题。例如,如果A对于B的提名表提出异议,理由是B的地址填写错误,这种纠纷就属于选举监察人的决定范围。如果选举监察人赞成反对意见,他的决定就是终局的;如果赞成被反对一方,就会推翻或者驳回反对申请。而对于提名表格式以外的其他反对意见,例如,反对候选人的资格,就不在选举监察人的职权范围,所以,他无权决定。[27]

---

〔25〕 35 –6 V. ,c. 33 ,Sch. I. r. 12.

〔26〕 H. J. Houston ,Modern Electioneering Practtce ,Ch.Ⅳ. p. 31.

〔27〕 35 –36 V. ,c. 33. Sch. Ⅰ ,r. 13.

除了反对提名的权利,法律还另有规定来制衡现代选举中的轻率做法,即候选人交纳提名保证金。根据1918年《人民代表法》的规定,每个候选人需交150英镑的保证金作为提名费,选举结束后,保证金如数退还给候选人。但如果候选人的得票数少于法律规定的某个比例,保证金不予退回。根据该法规定,保证金可以由候选人交,也可由别人以候选人的名义交,但必须在规定的提名期内连同提名表一同交给选举监察人。[28] 除非选举机构特许可以使用其他货币,否则,保证金必须是法定货币。[29] 如果未在规定时间内将符合要求的保证金上交,则提名无效。1918年普选时发生的一个事例说明如果在这件事上不细心是多么的可惜!《泰晤士报》报道说:"霍普夫人未能成为东法夫郡的候选人,因为她交的150英镑保证金不是纸币,而是支票。"[30]

若发生下列情况,则需退还保证金:(1)候选人依据1872《选举法》规定退出选举;[31](2)候选人在交保证金后、选举开

〔28〕 7-8 G.5,c.64,s.26.

〔29〕 Ibid.

〔30〕 London Times,December 5,1918.

〔31〕 7-8 G.5,c.64,s.26.

始之前去世的;[32] (3)候选人当选的;(4)候选人落选,但得票数超过总投票数1/8的。如果候选人当选,他宣誓成为议员后就退还保证金;如果候选人败选,且得票数没有超过1/8,其上交的保证金将被国王陛下没收,但如果是学校选区候选人,且得票数不足1/8,保证金退回学校。如果候选人在多个选区被提名,该候选人也只能领一次保证金,剩下的保证金被国王陛下没收,除非财政部下令,可以返还给候选人。为了计算出候选人得票数的比率,从而确定是否返还保证金,需要计算除废票外的所有选票总数。如果采取的是可转移投票制,候选人获得的票数应为第一选择票。

上文已经提到,经提名的候选人可以放弃其候选资格,下面我们来详细讲解。被提名的候选人如果愿意,可以放弃候选资格,但要提交一份经本人签字的通知书。并且,如果本人在国内,应在选举期间而不是之后放弃候选人资格。[33] 如果候选人在出国期间,由其提名人或附议人提名,他可以"向选举监察人提交一份经本人签字的书面通知书和书面声明,声明提名期间

---

〔32〕 7-8 G.5,c.64,s.26.

〔33〕 5-36 V.,c.33,s.1.

本人不在英国,自愿放弃候选人资格”。[34] 如果候选人在选举休会期正式投票开始前去世,也视为放弃候选资格。在这种情况下,选举监察人基于确切事实,应重新组织选举。[35] 根据1872年《选举法》规定,如果候选人没有按法律要求交纳保证金,也视为放弃候选资格。[36] 如上述情形发生,选举监察人应发布公告,公布放弃候选资格名单。[37] 上述规定同样适用于学校选区,只是在学校选区,放弃候选资格的时间限定为“确定候选人提名的当天”,而不是“选举期间”。[38]

关于结束提名,还需要再补充一点,毕竟这是整个选举中很重要的一环。过去,选举日由选举监察人确定,因此,各个选区的选举时间不同。各政党就安排几个选区先举行选举,以确定“风向”,并影响其他选区。但是,自1918年后,法律就规定“所有选区的提名日应为同一天”,[39]“选举监察人确定时间,诸如接受提名的日期,在任何时候都应该是国王宣布召开议会后的

---

〔34〕 5 –36 V. ,c. 33 ,s. 1.

〔35〕 Ibid.

〔36〕 7 –8 G. 5 ,c. 64 ,s. 26.

〔37〕 The University Election Order,1918 ,Regulation 3.

〔38〕 Ibid.

〔39〕 7 –8 G. 5 ,c. 64 ,s. 21.

第八天”。[40] 尽管在补选的日期确定上，我们已经谈过，选举监察人有一定的自由裁量权，但也被限定在一定的时间内。法律还规定，选举时间是，“由选举监察人从上午 10 点至下午 3 点之间指定两个小时”。[41] 也就是说，在普选中，最新规定的提名结束时间是国王宣布召开议会选举后第八天的下午 3 点。下午 3 点以后，所有与提名有关的事宜就都结束了，并且没有任何延长提名时间的规定。

若条件允许，提名可能会提前结束或休会。这是 1832 年赋予选举监察人的权力。法案的主要规定是，“如果选举过程被任何暴乱或公开暴力行为打断或妨碍，无论是在候选人提名环节还是投票环节，州长、选举监察人或其法定助理不得因此结束提名或投票。但是如果暴乱或公共暴力行为一直持续到第二天，可以在暴乱发生地延迟提名或投票，直到暴乱停息”。[42] 后来的法律又扩大了这一规定的范围，“其他地区发生暴乱或公开暴力行为导致选民不能参加选举的也可延迟”。[43] 但实际

〔40〕 7 – 8 G. 5, c. 64, s. 21.
〔41〕 35 – 6 V., c. 33, Sch. 1, p. 1., t. 4.
〔42〕 5 – 6 W. 4, c. 36, s. 8.
〔43〕 13 – 14 V., c. 68, s. 8.

上,现代选举中很少用到这一规定,尤其是自英国《选举法》废除了繁杂的程序后,现代提名制度变得安静平和。

依法确定提名后,选举监察人的下一项任务是颁布通知召开投票,或是根据情况宣布最终结果即所谓的“等额选举”。

没有法律明确限制各选区候选人数量。但一般来说,现代候选人数量是缺席席位的2.5倍。1918年选举中,当时的平民院规模是英国议会史上最大的一年。缺席席位与候选人数之间的比例是1∶2.5。1922年选举中,席位减少到615个,候选人数也相应减少,其比率与1918年相同。1922年以后举行的两届选举中,议会席位和候选人数的比率也基本相同。

在这方面,一个显著变化是,三方竞争选举增多,等额选举减少。过去,大多数选区都是保守党和自由党之间的竞争。随着工党力量不断壮大,尤其是近20年,等额选举迅速减少。1918年选举中,有108场是等额选举;到了1922年,还有67场;1923年是50场;到了1924年,就只有30场。只要英国还沿用现在的多党制度,可以预见,未来等额选举将会不复存在。

关于等额选举的结果公布问题,法律规定,“如果候选人提名结束后一小时,候选人人数不多于议会缺席人数,选举监察人应当立刻宣布提名候选人当选，并将名单汇报给皇室办事员”。[44] 若上述情形发生，选举监察人必须尽快向公众公布当选人名单。[45]

另外，如果候选人人数多于议会席位，则应当在结束提名环节后，按法律规定开始投票。下一章分析投票程序。

---

〔44〕 35 -6 V. ,c. 33 ,s. 1.

〔45〕 Ibid. Sch. Ⅰ. ,r. 45.

# 第三章　投　票

上一章讲述了候选人提名环节,以及如何正当地提名候选人,并简单介绍了等额选举的情况。现在讲投票,只要候选人多于议会席位,所有选区接下来都要进行投票。

英国《选举法》颁布之前,投票是以公开但并不审慎的方式进行。正如我们讲过的,候选人被提名后要发表演讲。从形式上来看,接下来是“举手表决”。一大群人聚集在一起,主要有非选民和各候选人雇用的支持者。这种投票对选举结果也不起作用。然后,落选者,就是举手少的候选人就会要求投票。选举监察人决定时间及地点后,选民公开登记选举候选人。

这种旧制度缺点很多,其中之一就是枯燥的重复,这已经在 19 世纪早期详细讨论过了。1872 年英国《选举法》的出台应该说开启了英国选举制度的新纪元,尤其是投票环节。该法做出的最大改变是，"选举要用选票"。[1] 现代选民如此之多，若没有这条规定，选举根本就不可能。根据这一原则，《选举法》制定了一套详细的投票制度，接下来会予以分析。

我们首先从投票日期和投票时间说起。在这个问题上，《选举法》只规定了一些基本原则，没有进一步详细规定。所以，各选区监察人在行使权力时有一定的裁量权。旧法案并没有要求每个选区的投票日期都要一样。实际上，所有县和郡的投票日期都不同。有些县和郡是周一，有些则是周二等。法律不仅规定不同选区投票日期可以不同，还规定一个选区可以有多天进行投票。1784 年威斯敏特斯选举是令人难忘的一次，投票持续了 6 周。这不仅延长了选举时间，更给选举监察人实施政治阴谋提供了机会。不同选区投票日期不一样，自然会让晚投票的选区占便宜，因为这样就可以看看已经投票的选区是如何进行的，并倒向胜选方。从策略上说，后半部分的宣传都会密切关注并利用前半部分的结果。在大多数情况下，前半部分的选举结果一公布，其余的选举结果也就没什么悬念了。因此，前半部分选举吸取了其余选举的"活力"。为改变这一情况，1918

[1] 35 – 36 V. , c. 33, s. 2.

年的《人民代表法》规定,“普选中的所有投票必须在同一天内结束”,[2]且这一天应当是“选举日期确定后的第九天”。[3] 关于递补选举,该法规定应当在提名日期确定后的6~8天内举行。[4] 如果是大学选区的递补选举,除了苏格兰大学选区外,投票日由选举监察人确定,但必须在提名日期确定后的第三天之后、第十二天之前。[5] 对于苏格兰大学选区来说,投票日必须是提名结束后的第十二天之后、第二十天之前[6]。

至于投票时间,法律规定任何情况下都应为投票当天的早8点至晚8点。[7] 候选人可以要求延长投票时间,经选举监察人同意后,投票时间可以从投票日早上7点至晚上8点或者自早8点至晚9点。但是,延长投票时间的要求必须在提名之前、提名期间或者提名结束后一小时内提出,并有充分的理由。[8]

起初,延长投票时间是为了照顾工业区的选民,他们白天大多在工作,不能去投票地点投票。该规定在一定程度上解决了

---

〔2〕 7–8 G V. ,c. 64,s. 21.
〔3〕 Ibid.
〔4〕 Ibid.
〔5〕 7–8 G. 5,c. 64.
〔6〕 Ibid.
〔7〕 Ibid.
〔8〕 H. J. Houston,The Modern Etectioneering Prautue,p. 64.

这个问题,这就迫使工人选民要么在上班之前投票,要么在下班之后投票。这一规定对工人阶级非常不利。争论点很简单,在通常情况下,投票日都是在工作日,也就是说,投票时一般都是工人上班时。工人上班前,投票没有开始,工人下班后,只有一两个小时投票就结束了。在这种情况下,所有工人必须一下班就赶往投票点投票。但是,经过一天的忙碌,工人们都希望赶紧回家休息,因此导致许多工人放弃投票权利。

投票时间延长一小时,对有些工人选民可能会好一点,但还会导致大量工人被迫集中在最后一小时投票,使投票点变得拥堵不堪。许多时候,选民都得排队投票,刚一投完,结束投票的钟声就敲响了,他们就被赶出了会场。选民排了长队后拿不到选票的情况也并不罕见。在这种情况下,一些工人在违背自己意愿的情况下被剥夺了投票权。〔9〕 有人提出,法律并不禁止雇主在上班期间为工人放假去投票,这种福利确实时有发生。另外,一些工厂主否认这种福利,因为法律并没有规定这种情况。

除了投票日期和时间,法律还对投票区域和投票点作了许

〔9〕 在这点上值得注意的是,德国宪法(第2节第2条)规定,“选举日必须是星期日或公共假日”。当然,这里的“选举日”指的是投票日,而不是提名日。

多规定。早期选民数量相对较少,所有选举都在当地法院举行。[10] 后来,这种做法已经不可行了。为补救这一局面,1867年的《人民代表法》把镇划分为不同的投票点,以确保“每个选民都在居住地一英里内的投票点投票”。[11] 划分投票点的权力由市区的地方议会或没有地方议会的区治安法官执行。[12] 至于乡村选举,英国 1872 年《选举法》最早作了规定,“每个郡都必须按照实际情况划分为不同的投票点,划分的标准是确保每个选民能够在居住地 3 英里以内投票”。[13] 这种情况下的划分权属于镇议会。[14]

但是,1918 年的法律废除了上述所有规定。[15] 新法规定,投票点的划分应该“根据实际条件,以方便所有选民投票为依据”。[16] 且根据新法规定,投票点的划分权由委员会在册登记的委员或该委员任命的官员执行。[17] 委员会的决定必须由卫

---

〔10〕 M. L. Gwyer, Anson's Law and Custom of the Constitution, Ch.Ⅳ, p. 106.
〔11〕 30 – 1 V. c. 102, s. 34.
〔12〕 Ibid.
〔13〕 35 – 6, V. c. 33, s. 4.
〔14〕 Ibid.
〔15〕 7 – 8 G. 5, c. 64. Sch.Ⅷ.
〔16〕 7 – 8 G. 5, c. 64, s. 31.
〔17〕 Ibid.

生部批准。每个投票点都必须用专信登记。如果当地政府或超过30位选民不满意这一决定,可以向卫生部申请通过法定程序予以修改。[18]

选民们用来投选票的房间或建筑在法律上叫投票站。在第一次《改革法案》颁布前,投票可以在任一地点举行。就像过去那种露天投票并不鲜见,因为程序简单,且很形式化。1832年法案通过后,议会开始禁止将某些场所设为投票站,教堂、小礼堂及公共礼拜场所都属于明文禁止之列。[19] 1853年法案又增加禁止使用酒馆、旅店、客栈、酒吧和其他准许卖白酒、啤酒、烈酒的货摊、娱乐中心、房间及其他直接与此有关的场所作为投票站。[20]

早期法案还规定,如果条件允许,选举监察人无须搭建投票站,可以租一个地方或房间来进行投票,[21]也可以使用由该区或郡税收支付的房子。学校如果由议会提供资助,其教室就可以用来作为投票站。如果使用过程中导致任何物品损坏,由具

[18] 7-8 G.5, c.64, s.31.
[19] 2-3 W. IX, c.45. s.68.
[20] 16-17 V. c.68. s.6.
[21] 30-1 V. c.68, s.6.

体负责该教室的个人、社团或企业支付。[22] 1918 年法案作了同样的规定。

《选举法》起初要求选举监察人必须提供足够数量的投票站，为选民提供最方便的投票地点。法律的明确表述是，“在划分出的每个选区至少要有一个投票站”。[23] 目前的实际情况是，大约每 1000 名选民就会有一个投票站。

法律对投票站的建筑形式没有要求。大多数情况下都是用教室。选举监察人根据条件，布置投票站。如果条件允许，一间教室应该有两个门：一个标着“入口”，另一个标着“出口”。入口处通常会有 1 ~2 名治安人员引导选民入场，并维持现场秩序。教室里面有桌子可供工作人员使用，还有投票箱、隔间及其他法律允许的物件。法律允许几个投票站共用一个房间，一个投票站也可以分为多个房间。每个投票站都应当“提供多个隔间，选民可以在里面投票而不被其他人看到”。[24] 为了实现这个目标，各投票站中，一个隔间最多可容纳 150 名选民。此外，所有隔间里都挂着许多指导选民投票的准则和舞弊及非法行为

〔22〕 35 –6 V. c. 33. s. 17(b).
〔23〕 35 –6 V. c. 33, Sch. 1. r. 15.
〔24〕 35 –6 V. c. 33, Sch. Ⅰ. r. 16.

的条例。

每个投票站至少要有一个投票箱。根据法律规定，投票箱不限材质、大小和形状，但必须要有锁和钥匙。在锁着的情况下，只能投进选票，不能取出选票。投票期间，锁和钥匙要密封。一般说来，投票箱多是长方形，长宽高可视情况而定。投票箱顶端设有投票口，用于选民投票。投票口下面有个滑动盖，拉动滑盖就能把投票口封上。投票结束后，投票站负责人和投票助理负责关闭投票口，并用蜡封住。

选举监察人还要为每个投票站提供选票，[25]选票数应与每个投票站登记的选民数一致。投票站还要准备足够的费用，预备替换废票。除了正式的选票，选举监察人还会负责提供样票。样票与正式选票在很多方面是一样的，但是颜色不一样。此外，投票站还要准备公章、登记表、铅笔、钢笔、墨水以及包括法律要求的“足够的灯与火”等许多其他物品。[26]

为了保障选举正常进行，选举监察人还要为每个投票站配备工作人员。每个投票站设一名负责人，在投票站内拥有最高权力。投票站负责人可由选举监察人亲自担任，也可以由选举

〔25〕 35 –6 V. c. 33. s. 8, and Sch. Ⅰ, r. 20.

〔26〕 35 –6 V. c. 33.

监察人委任。[27] 每个投票站设两名投票助理协助负责人工作。[28] 负责人的职责有:(1)维持投票站秩序;(2)管理每次进入投票站的选民人数;[29](3)主持选民宣誓;[30](4)宣布投票开始与结束;[31](5)照管选票和投票箱;[32](6)为缺乏能力的人书写投票。[33] 为了维持投票秩序,选举监察人有权指挥治安巡警驱逐在场的任何人员。一旦被驱赶,除经做出驱逐决定的监察人同意,不得再进入投票站。[34] 但投票站负责人无权实施逮捕、驱逐或拒绝站内任何人员。[35] 投票站负责人"依法享有属于副监察人的权力",同时,承担所有滥用职权、玩忽职守或违反1872年《选举法》的行为所要承担的相应责任。

待一切准备就绪后,选举将在指定日期的早晨8点准时开始。一打开投票站门,通常就会有一些选民已经排好队,争投"第一票",此举已成为传统。虽然这种传统源自何处已无从得

---

〔27〕 35-6 V. c. 33. Sch. Ⅰ, r. 21.
〔28〕 35-6 V. c. 33. Sch. Ⅰ, r. 45.
〔29〕 35-6 V. c. 33, Sch. Ⅰ, p. 45.
〔30〕 35-6 V. c. 33, S. 10.
〔31〕 35-6 V. c. 33, Sch. r. 23.
〔32〕 Ibid., r. 23, 29.
〔33〕 Ibid., r. 26.
〔34〕 35-6 V. c. 33, s. 8.
〔35〕 Ibid. r. 50.

知,但选民的心理却是可以推敲出来的。选民之所以这么做,是为了证明他对支持的候选人或政党的热情,这种热心支持者所获得的并不仅仅是履行一项伟大的义务。投“第一票”的选民还有可能从此与候选人建立深厚的友谊。这可能作为一个证据,在政党或地方事务上,值得给这种热情支持者更多的信任。笔者有好几次在选举日早起去看选民排队投第一票,并有幸见证了投第一票的选民得到各自候选人的感谢和祝贺。无论何时何地,只要听到他们讲述投第一票的故事,就感觉好像投票无关乎票数多少,只关乎是否第一个得票。

正式投票开始前,第一件要做的事是,由投票站负责人为投票箱上锁并密封。这应当在部分选民和各候选人代表见证下进行。公众应确认投票箱为空箱后,才能上锁密封。完成这些程序后,工作人员开始为合格的登记选民分发选票。

投票站在清晨通常比较清闲。各政党工作人员想要尽快处理选举工作,以便行使更为重要的权利,所以,会早早来投票。还有母亲和妻子们,需要为孩子和丈夫准备午饭和茶点,也会在清晨赶来投票。各政党通常在午间组织其支持者“游行着”到投票站投票。选民们闻声而至,人也越聚越多,直到投票结束前两小时,是一天中最忙的时候。

当选民们到达各自的投票站后,排队到投票站负责人处领取选票。根据法律规定,除登记选民外,其他人一律不准进入投票站。选民拿着标有登记号码的投票卡才能进入投票站,并将自己的登记号码告知投票站负责人。投票站负责人确认是否注册。一位投票助理会念出卡号、选区及选民姓名,同时,另一位投票助理在选民登记簿相应的选民名字后打钩标记,表示该选民已经拿到选票。这一切做完后,投票站负责人(或其助理)在票根上做同样的标记,但不能显示或标记选民拿到的是哪一张选票。必须在正反面分别盖上公章,确保选票上的章清晰可见。然后,撕下票根,发给选民。除了上述标记,选票和票根上不得有任何其他标记。

选民拿到选票后,要即刻进入任意一间隔室,秘密填写选票。填完选票后,必须将选票折叠,盖住填写内容,将背面的印章出示给投票站负责人看。在负责人的监督下,将选票投入票箱,然后立即离开投票站。〔36〕 填选票时,选民须在所选候选人名字对应的右侧用铅笔或钢笔画叉。〔37〕 如果选民公开填写选票,被其他人看到他的选择,则属违法。如果这一违法行为被投

〔36〕 35 –6 V. c. 33, s. 2 and Sch. Ⅰ, r. 24.

〔37〕 Ibid., r. 65.

票站负责人得知,则该选票视为无效票,不能投入票箱。如果选民没有折叠选票"盖住所填内容",而是展示所填内容,或试图把没有折叠的选票投入票箱,则被视为公开投票,因此无效。如果选民投完票不马上离开,则可能会被强制离开。

如果上述违法情况是选民无意为之,就可以把该选票交给投票站负责人,并提供无意为之的证明,得到负责人认可后,就可以换一张新选票。废票要放在包里交给选举监察人。[38] 任何人不得把废票带出投票站。一旦带出,则属于违法行为。如果选民出现画错选票,比如,他想投给 A,却误投了 B,就可以向投票站负责人提出申请,要一张新票,错票则被视为废票。[39]

如果选民是盲人、退役断臂军人,或因其他生理缺陷丧失行为能力不能画选票的,可以请投票站负责人或其他工作人员代为填写选票。如果选民身体无恙,但是个文盲,也可以让工作人员按其意愿代为填写选票。如果投票日那天,选民因为宗教原因不能画叉,可视同丧失行为能力或文盲。在上述三种情况下,选民必须做出声明,表明不能填写选票的原因。投票站负责人或其他工作人员代为填写选票时,必须保密。如果选民是聋哑

〔38〕 35 – 6 V. c. 33, Sch. Ⅰ., r. 28.

〔39〕 Ibid., r. 27.

人，不能表达其意愿，可由懂其意愿的人，如妻子或者其他亲属，协助其投票。

如果有选民用已经领过票的选民姓名申请选票，那他可以在依法回答问题和宣誓后得到一张不同颜色的选票，待投票站负责人讲明缘由后，按照同样的流程进行投票。此类投票单独存放，监察人无须计数，直接计入“样票名单”。

接下来是投票站的回答问题和宣誓环节。如果选民投票权遭到质疑，选举监察人或其法定助理，在任何候选人的要求下，可在发选票时，而不是之后，依法向该选民提问。〔40〕所问问题必须符合法律规定的形式，否则，不得否决任何选民的投票权。如果答错任意一题，属不法行为，应依法予以处罚。问题的答案也必须是明确的、毫不含糊的。如果选民回答的不是“我是”或“我没有”，而是“我认为是”“我觉得我是”或者其他任何模糊的回答，选举监察人或其他工作人员可拒绝发票。

上文我们已经提到候选人代表的一些职责，接下来，具体谈这些职责。早在 1843 年的法律条款中就规定，所有议会选举中，候选人可以任命一名代理人代其到所有投票站或任何投票

〔40〕 35 –6 V. c. 33, s. 10.

站,监督现场是否有冒充选民的人。[41] 1883 年的《腐败和违法行为法》又规定,“各候选人必须任命一名代理人”,代理人可进入投票站。[42] 此外,如果代理人太忙,不能到投票现场,可以任命一名代表代其出席。除了工作人员、选民和候选人,法定代表是唯一允许进入投票现场的人。进入投票站后,必须在治安法官或选举监察人面前做法定的保密声明,并有义务对选举站的一切事宜保密。声明时,他们必须宣誓,不做任何违反英国 1872 年《选举法》第四章的行为。除法律许可的理由外,选举结束前,不得与任何人交流投票站的事情,不得干扰或试图干扰选民的投票。代表或代理人违反上述规定的任何行为都将受到处罚。

笔者看来,代理人在当前选举中的作用已经大不如半个世纪前。首先,因为选民人数激增,投票站的数量也随之增加。如果每个候选人为每个投票站配备一个代理人,那么每个候选人至少需要雇用 25 ~ 30 个代理人。其次,从经济上考虑,尤其是每个候选人都有最高选举消费额的限制,聘请如此多的代理人对候选人来说是一个很大的经济负担。最后,在现代选举中,冒

---

〔41〕 6 – 7 V. c. 18, s. 85.

〔42〕 46 – 47 V. c. 51, s. 24.

充选民的舞弊行为已经过时。试想一下,每个选区有成千上万的选民,候选人通过冒充选民投票,多得个一两票,又有什么意义呢?因此,通过选举代理人到投票站监视冒充选民投票或其他腐败行为也就不必要了。大多数情况下,都一并废除了。

在进一步分析别的问题之前,有必要提一个问题,即英国选举中投票站的秩序到底怎么样?毫无疑问,过去英国大选中发生过一些骇人听闻的事件,选举中时常伴随有屠杀、暴乱和斗殴等。曾经著名的是,在卡洛镇的一次选举中,有两个步兵连两个骑兵队,还有150名警察。在选举期间,这些武装力量负责城镇安全,而当时全镇只有200名选民。[43] 1870年在沃特福德的一次选举中,比上述情况更暴烈。有位作者在《泰晤士报》上描述说:

一大批步兵、骑兵和警察组成的军队来到镇上,由最能干的领薪治安官指挥。选举那天,和通常的爱尔兰选举一样,选民们由骑兵队护送着去投票。憎恶国家党的政客们在大街上相互殴打起来。旅店被袭、商店被烧,码头超市被毁……一个修道院完

---

〔43〕 J. H. Jennings, The Anecdotal History of the Brttish Parliament, p. 398 (New York, 1881).

全被毁，奥斯本(Osborne)先生所有主要支持者的家园遭到袭击和破坏。特别是，暴徒们还闯入一名支持者的家里，把家具砸毁，扔到大街上，砸坏钢琴之前，还站在上面跳舞。[44]

有人可能还会抱怨现代选举中的粗暴行为，但不管怎样，诸如 1870 年沃特福德的这一幕已经远去了，甚至可以说，一去不复返了。尽管在工党影响强烈的极少数地区可能还存在些许混乱，但总体来说，英国选举还是平和有序的。虽然有时候大街上各种嘈噪声、叫喊声以及欢呼声不断，但投票站内却是平和有序。接下来引用《泰晤士报》上一段对 1924 年选举现场的描述，让读者感受一下中世纪选举和现代选举的极大反差：

如果从国外来的游客听说过去几周政治热情高涨，很可能以为选举时会有一些暴力行为，那可能就要失望了。即使在巴特西，投票的大多数时间都是一片平和的景象，而这是伦敦在投票站开放的整个时间段内的整体景象。

国外仍认为伊顿斯威尔是我们选举的特色景象，这确实很

---

〔44〕 J. H. Jennings, The Anecdotal History of the Brttish Parliament, pp. 392 - 393.

难令外国人相信选举并不意味着流血,但英国人的迟钝并不代表漠不关心。事实上,昨天的选举确实非常活跃,但无论选举开始前如何激动人心,也无论选举结束后是心情愉悦还是伤心难受,选举期间在政治上必须是“无主之地”。年复一年,都是如此。

投票开始时,所有候选人看见他们的支持者“夸张地”走进去,他们的使命就完成了。无论他们是胜出,还是作为政治牺牲品,都不再取决于他们……昨天一整天都没什么事,要么投票,要么不投。不投者不关心呐喊,而投票者可能意识到当时呐喊也是徒劳。[45]

事实上,这篇文章的作者是英国人,可能让人认为他有点夸大其词。整体上来说,必须承认,英国选举并不比杂乱无章、骚乱不断的体育运动或比赛更差,而同样存在良好的友谊,充满着谈笑风生。尽管最近少数递补选举中,因为竞选激烈,被不同党派的报纸做了充满偏见的宣传。但是,笔者实际上是这些选举的见证者,发现选举期间是肃静、庄严的。选举当天,确实有一

〔45〕 London Times, October 30, 1924.

些游行示威,但这只是一种传统,是选前的“娱乐”,谁也没有当回事儿。那天有巡警,但基本上就是旁观者,派不上用场。尽管选民们去选举的路上借机“娱乐”一下,但一进入投票站便立刻安静下来,并严格遵守法律和投票站负责人的要求。

尽管已有改进,但防止选举暴力的法律并没有废除。根据法律规定,第一,投票站负责人在认为必要时,有权将任何人驱赶出投票站。[46] 第二,选举监察人可以召集巡警、地方法官及其他维护和平人员到投票站维持秩序,如有必要,还可以聘请特警。这都是合法的。[47] 第三,若暴乱或者公开暴力行为打乱选举过程,选举监察人或其助理可以在选举结束之前就宣布暂停投票。[48]

若无特殊原因需选举监察人决定提前暂停,英国选举通常在晚上 8 点准时结束(如需获批延迟,可到晚上 9 点)。不得以临时原因,如午饭时间,关闭投票站。必须严格遵守时间规则。根据法律规定,结束的钟声响起后,发给选民的选票无效。如果在结束时间前拿到选票,在结束钟声响起时立即投进票箱,这是

---

〔46〕 35 –6 V. c. 33, s. 9.

〔47〕 60 G. 3, and G. 4, c. 11, s. 22.

〔48〕 2 –3 W. 4, c. 45, s. 70.

可以的。结束时间前申请选票,但在结束时间后才拿到选票,这是无效的,不能投入选举箱。

结束钟声一响,所有在场选民都必须离开,关闭投票站大门。投票箱应当正确上锁,并用蜡密封。投票站负责人和其助理整理所有投票资料,打包装好,送交选举监察人。选举结束。

我们迄今为止描述的是选民能够出席并进行投票的情形,本章余下部分简述缺席选民如何行使他们的政治权利。1918年《人民代表法》针对选举期间缺席选民的投票,规定了两种办法:(1)邮寄选票;(2)代投。下面我们来具体了解一下这两种办法。

如果缺席选民离自己选区不远且可邮寄选票,可以采用邮寄方式。选举时间到来时,提名环节一结束,选举监察人就按选民登记簿上留的地址寄出选票。具体操作流程如下:首先,邮寄前,选举监察人要事先通知候选人及其代理人,并在候选人及其各自代理人的见证下完成邮寄。[49] 发给缺席选民的选票跟发给到场选民的票一样,都要依法标记、盖章、记录。[50] 除了选

〔49〕 Representation of the People Order,1920,r. 19.

〔50〕 Ibid.

票,还有一份身份声明,一个信封用来寄回信件,一个信封用来单独装选票。[51] 按上述要求将信封装好后,由选举监察人寄到最近的邮局,进而送给选民。邮局给选举监察人一份盖着收件日期的收据,由监察人带回。其次,还要准备一个印着“缺席选民投票箱”字样的盒子,并在候选人及其代理人的见证下密封起来。[52] 收到缺席选民寄回来的信件时,选举监察人不能拆开,而是原封不动地投入印有“缺席选民投票箱”字样的箱子里。[53] 如果信因为没有送到收信人被退回时,选举监察人应尽其所能查到此选民正确地址,然后重新邮寄。在选举结束前收到的所有选票都有效,应和在投票站正常投票一样计数。[54]

缺席选民应满足下列条件:(1)此人登记的住址在英国;(2)此人非选民代理人。[55] 但这些规则不适用于大学选区的选举。

如果投票时选民离投票站太远,不适合邮寄,可以申请“由

〔51〕 Representation of the People Order,1920,r. 19.

〔52〕 Ibid.

〔53〕 Ibid.

〔54〕 7－8 G. 5,c. 64,s. 28(2).

〔55〕 7－8 G. 5,c. 64,s. 23(4)(5).

代理人代投”。[56] 代理人必须是其妻子、丈夫、父母、兄弟姐妹或者其他不在同一选区登记的非亲属。未到选举年龄的公民不得担任代理人。如果登记官员通过了选民的代投申请,由该官员负责通知选民指定的第一代理人。[57] 如果7日内第一代理人不作回复,则表示同意,颁发其相应的代理书。[58] 如果7日内第一代理人拒绝代投,登记官员则需按同样程序通知选民指定的第二代理人。[59] 如果第二代理人同意代投,则颁发其相应的代理书。如果第二代理人也拒绝代投,登记官员应将此情况告知选民。[60] 如果离提名结束还有不到一天的时间,登记官员才收到选民的代理申请,可以不予理会。[61] 每位选民不得指定两人以上作为代理人。[62] 同时,每位选民不得在同一选区担任两名以上缺席选民的代理人,但作为亲属的代理人除外。代理人向投票站负责人出示代理书,才能领取选票。代理人只能在被代理选民登记的投票站进行投票。如果投票站负责人认为有

〔56〕 7 - 8 G. 5, c. 64, s. 23(3).
〔57〕 Representation of the People Order, p.Ⅳ.
〔58〕 Ibid.
〔59〕 Ibid.
〔60〕 Ibid.
〔61〕 Ibid.
〔62〕 7 - 8 G. 5, Sch.Ⅳ, r. 6.

必要，可依法向该选民提问，并要求其宣誓。通过法定程序可以取消代理人，但如果没有取消代理人代投的权利，那么即使被代理选民本人到场，也不能投票。

# 第四章　选举监察人及投票结果

投票结束后,选举监察人必须按照法律规定计票并汇报选举情况。因此,从逻辑上来说,讨论完投票之后,该讨论计票和汇报。

首先,简单综述一下选举监察人的任职资格、义务和特权。1215 年约翰王通过治安官和地方法警召集了各大贵族,颁布了《大宪章》。后续法律均遵循旧习,要求这些官员执行令状,并承担附带责任。如果某一地区没有上述官员,依法由市长或委员会主席担任。1918 年通过《人民代表法》后,这一制度才从根本上做了修正,并予以简化。目前的制度由该法规定,具体内容如下。

其次,如果议会制的县与行政县毗邻或者在行政县范围内,由治安官担任选举监察人。[1] 如果议会制的郡与市区的县或有治安官的县毗邻或者在其范围内,以及伦敦市内,由治安官担任选举监察人。如果议会制的郡与自治市的郡(不是市区的县或有治安官的县)、大城市的郡、市区毗邻或在其范围内,由市长或委员会主席担任选举监察人。其他情况下,则由政府秘书任命相关治安官、市长或者主席担任选举监察人。[2]

但要注意,上述规则不适用于苏格兰选区和大学选区。在苏格兰,如果一个选区完全位于一个郡区,则由该郡治安官依法担任选举监察人;如果一个选区位于多个郡区,根据 1918 年法案的附件七确定选举监察人。[3] 对于大学或者几所大学联合组成的选区,选举监察人应当是:(1)牛津大学、剑桥大学和伦敦大学的选区分别由副校长担任;[4](2)都柏林大学由圣三一学院院长担任;[5](3)英国各大学联合选区,则由学校董事会依次任命各学校副校长、校长或学校其他领导担任;[6](4)威尔士

---

[1] 7 –8 G. 5, c. 64, s. 28.

[2] Order in Council, May 27, 1921(S. R. O. 1921. No. 959).

[3] 7 –8 G 5, c. 64, s. 36(13).

[4] 7 –8 G 5, c. 64, Sch. V. p. 1.

[5] Ibid.

[6] Ibid.

大学选区，由副校长担任；[7]（5）苏格兰各大学联合选区，由爱丁堡大学副校长担任。[8]

就管理而言，选举监察人实际上就是选举事务的负责人。选举监察人必须公布提名通知，为有需要的选民提供提名书。如前文所说，在提名日当天，还必须负责接收各候选人提交的提名书，提名结束后，必须多停留一小时，确定是否有任何反对意见。如果选举是差额选举——大多数情况是这样的，选举监察人还必须告知选民选举日期和时间，安排投票站，布置投票站，提供投票用的设备和器具，聘任工作人员。投票日那天，必须在投票站。在这方面，选举监察人还要依法维护选举秩序，确保选举合法进行。如果他或其代理人的工作出现任何纰漏，将依法受到惩罚或者导致此次选举无效。此外，1918 年的《人民代表法》在邮寄投票和代理人代投后，又赋予了选举监察人更多的责任。投票结束后，候选人和代理人的工作实际上就结束了，而选举监察人的工作还没有全部结束。他最烦琐和艰苦的工作还没有开始，那就是要安排、主持并宣布计票。这项工作通常是在选举日的晚上，经常导致选举监察人和工作人员彻夜工作。总

---

〔7〕 7 - 8 G 5, c. 64, Sch. V. p. 1.

〔8〕 Ibid., Sch. V. p. Ⅱ.

之,按照法律要求,选举监察人还要"承担法律为确保选举有效进行而规定的其他事宜"。[9]

选举监察人的行为受到法律的严格监管。指导原则是他应该最大限度地保持公正。若有故意、虚假或恶意违法,将受到惩罚。[10] 若故意拖延或者玩忽职守,也会受到惩罚。[11] "如果违反法律的某些规定,将处100英镑的罚款"。[12]

但是,对于所有服务,选举监察人都是收取报酬的。只要他不从中谋取任何私利,法律规定了选举监察人的合理报酬。[13] 选举监察人发生的大多费用都从本人的办公经费中扣除。任何选举监察人"在令状或其他命令的制作、收据、传递、返还、执行或其他相关工作中给予、支付、接受或获取任何费用、报酬或酬金,将处罚款500英镑"。[14] 至于他的合法报酬,1918年法律规定,县级选区是50英镑,登记选民数量不超过25,000名的镇级选区是40英镑。另外,每增加1000名选民或超过25,000名选

[9] 35-6 V. c. 3, s. 8.
[10] 7-8 V. c. 7, s. 3.
[11] 31-2 V. c. 125, s. 48.
[12] 35-6 V. c. 33, s. 11.
[13] 7-8 G. 5, c. 64, s. 29.
[14] 7-8 W. 3, c. 25, s. 5.

民的部分,增加1英镑。[15] 除了选举监察人个人报酬外,1918年该法律第29条还详细规定了与此相关的其他费用。一方面,不同的县和郡选区,费用标准各不相同;另一方面,差额选举和等额选举,费用标准也各不相同。

除了上述金钱报酬外,选举监察人还享有其他特权。首先,作为选举负责人,在"候选人之间票数相等,多出一票就可使其中一名候选人当选"的情况下,选举监察人拥有投出决定性一票的特权。[16] 选举监察人是否行使这项特权,由自己决定。如果要行使这项权力,并不必然以投票的方式,手写和口头均可。只有选举监察人是登记选民的时候,才享有这项特权。如果候选人之间票数不一样或者选举监察人本身没有登记,那么,他行使这项特权就是违法的。

选举监察人还有权决定提名和选举的日期、时间及地点。但是,就像我们前面讨论过的,这项权力仅仅是名义上的,而无实权。[17] 在主持提名时,他有权接受候选人或选民提出的异议,并基于这些异议,作出决定。他也有权针对提名提出自己的

〔15〕 7－8 G.5,c.64.
〔16〕 35－6 V.c.33,s.2.ndon Times,October 30,1924.
〔17〕 7－8 G.5,c.64.

异议。但是,这些特权同样受到法律的严格规定,而且范围有限。他认为必要时,可以中止选举。他可以根据自己的意愿逮捕和驱赶任何人,拒绝其参加选举。但实际行使这些权力时,选举监察人必须有法律依据。

最后但并非不重要的是,选举监察人可以雇用一名工作人员协助组织选举。如果愿意,选举监察人可以将权力授予执行人员。[18] 这样的话,选举监察人就成了普通选民。他任命的执行人员就承担了他的所有工作,同时也享有原本属于他的所有特权。如果选举监察人想保留自己的权力,但又不想承担繁重的工作,他还可以任命一名助理。这样的话,助理就要执行分配给他的任务。事实上,最后这种情况最常见。除了助理,选举监察人还可以任命大量的投票站负责人、工作人员和点票助理等。除了受财政状况的间接影响外,这些人员的数量没有限制。比如,选举监察人可以根据自己的意愿尽可能多地任命计票员,但每次选举提供的计票报酬是有限的:如果选民人数不超过 2000 名,薪酬不得超过 14 英镑,每增加 2000 名选民,薪酬增加不超过 1 英镑。[19]

---

〔18〕 7 – 8 G. 5, c. 64. s. 30.

〔19〕 7 – 8 G. 5, c. 64.

选举监察人任命的所有人员都是有报酬的。根据岗位不同,酬金从 10 先令或 15 先令到 3 ~4 英镑不等。所有人员必须遵守两条规定:第一,必须宣誓保密;第二,不得在任职选区接受该选区候选人聘任的任何职位。

在投票前一天,根据惯例,选举监察人(或实际执行人)会召集这些聘任人员开会,指导具体工作,并进行保密宣誓。在会议上,所有员工都要面临一个问题,是否有员工将要参与或者已经参与了某候选人的选举活动。如果存在这种情况,该员工应该报告并立即辞职。然后,员工们会拿到印刷的誓词。这是一份声明,宣誓他们不会"在选举中,做任何违反 1872 年《选举法》第四章规定的行为"。选举监察人在会上大声宣读这些规定,员工们按照要求在这些誓词上分别签上自己的名字。在声明的下面还有一个说明:要在选举监察人或者治安法官面前"签署上述声明"。当然,根据情况,选举监察人或者治安法官也要有一个人签字。会议期间,选举监察人会要求所有员工合理高效地完成任务。如果对选举法规定有技术上的疑问,可以在会上提出来进行讨论。当所有人都明确第二天的工作时,才休会。

投票站负责人、工作人员和其他助手都有权投票。如果其职责不允许他在注册单规定的投票站投票，选举监察人可授权他到另一个方便的投票站投票。这种授权应当书面做出。大多数情况下，员工们宣誓完成，正式接受任命的时候就能拿到这些授权证明。

根据法律，由选举监察人选择计票地点，并在正式投票前很长时间开始公示，还要适时通知各候选人，要求他们聘任监票人在指定时间参与计票工作。这些事宜一般会在计票前几天就完成，因为法律规定距计票开始前 24 小时内，选举监察人不得接受任何候选人任命的监票人。计票地点往往是市政大厅或学校。无论哪个地方，它必须足够大，能够容纳大规模的出席人员、选举监察人、候选人及其妻子、代理人、数以百计甚至更多的计票员和监票人。此外，由于计票工作不对公众开放，计票站还要提供一个在此期间能容纳候选人亲朋好友的房间。这个地方还应该有一个空阔开放的场地，因为投票箱一转移到此地，人群就会聚集过来，直到宣布结果才会散去。

法律没有规定计票场地的建筑布局。由于选举监察人应该作为此事的负责人，他的桌子通常放置在视野宽阔的地方，以便监察整个房间。如果这个房间有讲台，选举监察人的桌子一般会放置在讲台上，其他桌子分散放置在房间各处，此处守卫森严。如果有玻璃窗,就必须要用窗帘或者颜色遮住,以防从外面偷窥。[20] 根据法律规定,只有候选人、代理人和授权的监票人才能进入这个房间。一旦进入,他们只能在结果宣布后才能离开。

实际计票工作首先从缺席选民的选票开始。正如我们之前说过的,这些选票都被密封在一个特殊的盒子里。首先拿出这个盒子并打开,检查信封、声明和选票。如果对信封、选票的数量或者声明存在任何异议,选举监察人有权否决他认为不合格的选票。如果代理人对否决选票没有异议,这些被否决的选票不予计算。如果有人提出反对,这些选票会被打包并标明“遭到反对的异议票”。完成所有的检查工作后,选举监察人挑选出所有合格的选票,以及从不同投票站送来的选票,准备计票。

接下来就是正式的计票工作。首先,负责人安排所有计票员和监票人坐在指定的位置上。员工和党派代表通常交替而坐,也就是说,一个监票人跟随一个计票员。每张桌子会有一个行政秘书,其职责是主持所在桌子的计票工作,算出总数并将结果报告给选举监察人。待一切安排妥当,装着选票的盒子就会

---

〔20〕 35 -6 V. ,C. 33,Sch. Ⅰ,ss. 32,33.

交给他们。通常每张桌子上先给一个盒子，由行政秘书打开，倒出里面所有的选票。其次，根据投票站负责人的报告，清点盒子里的选票数。先是将选票每 20 张一小捆，然后再每 100 张一大捆。在这个过程中，无论是计票员还是监票人都不能窥探选票的内容。选票总数报告给每张桌子的行政秘书，由他填写一个表并交给选举监察人批准。

同时，大量工人清点从不同投票站送来的包裹，里面包含存根、空白选票、问题选票等。这些结果同样要报告给选举监察人。由选举监察人汇集这些报告，并检查准确与否。如果盒子中的选票数量和报告的结果一致，选举监察人确认投票的有效性，并交给计票桌。捆成 20 张和 100 张的选票会重新装进原来的票箱，并送给选举监察人。如果选举监察人发现投票站负责人报告的结果和计票结果不一致，就需要重新计票。第二次计票后，仍要重复以上步骤。如果第二次计票后仍不能得到正确的结果，就要进行第三次、第四次，甚至更多次计票，直到找到错误。这些重复计票有时非常枯燥。一盒选票可能计票好几次，而同样的人多次计票有时会犯同一个错误。或者，更糟糕的是，在计票和重复计票中，同一桌人每次都犯不同的错误，选举监察人和计票员并不知道哪一次是正确的。在这种情况下，由不同的人重复计票就显得很有必要,也就是说,同一盒选票交于另一组员工计票。这样就会发现错误,一次计票就能出结果了。

计票的第二步是确定每位候选人的得票数。检查完毕后,选票盒子被再次收起来放到负责人的桌子上。然后,将所有盒子里的选票取出并混合,目的是防止某一选区内的选举倾向外泄。然后,所有的选票被重新分发到所有的计票桌。这一次,计票过程不像第一次那么简单。为方便起见,笔者以一个计票桌为例介绍这个过程。

首先,我们假定这是单一议员选区的选举,且假定是由 3 个政党参与竞选。现在,计票员的任务是清点 3 位候选人在选举中分别得了多少选票。在这种情况下,最简单的办法是,把所有选票根据所选对象分成 3 个组。在这个过程中,计票员要始终让选票的正面(有标记的一面)朝上,这样监票人就能确保计票工作合理公正地进行。其次,点票员还应该把所有出错的和可疑的选票都选出来,以备进一步审查,并等待上级部门的建议。筛选过程结束后,每个计票桌开始计算每位候选人的得票数。计完票后,重新将选票按每 20 张和每 100 张捆起来,由行政秘书写下结果,呈交给选举监察人。

在这个过程中,我们也不能忘记他们整理出来的出错的和可疑的选票。通常,计票员根据自己的判断筛选出废票和可疑选票。监票人的主要职责就是监督计票的过程,如果计票员要求太宽松或者太严格,监票人可以随时对计票员的决定提出异议。一旦监票人对其中的某张选票提出异议,那么这张选票就需要挑出来作进一步检查。待分票结束后,所有废票和可疑选票都要交给选举监察人。选举监察人会召集各候选人及其代理人一起检查这些选票。选举监察人有权做出接受或不接受这些选票的最后决定。各候选人及其代理人还可以对选举监察人的决定提出异议。有时选举监察人和这些候选人及其代理人各执一词,就此展开激烈争论。选举监察人的决定是有严格规定的,而且这个决定只能通过选举申诉才能逆转。选举申诉我们接下来会讲到。确定为合格的选票会重新送给计票桌,加到相应候选人的票数上,而确定为不合格的选票会被封存并标记。

所有计票桌完成计票、填写报告表并且把结果递交给选举监察人后,选举监察人要把所有数据再核对一遍,把选票总数和第一次计票的结果核对。如果两者一致,那么这项工作就完成了;如果两者不一致(有时两个结果仅仅是一两票之差),选票会被重新分发到不同的计票桌,逐一重新计票。一个小错误可能导致整个工作重新开始。最终结果的宣布也可能因此拖延数小时。

如果竞选结果胜负分明,少一两张选票或多一两张选票,候选人可能不会在乎。如果少数几张选票将决定不同候选人的命运,计票有时真的是既紧张又重要的工作。即便选票总数一致,候选人或其代理人也可能会要求重新计票,导致计票人员不得不再做一遍计票工作。但是,根据法律规定,只能在选举监察人向公众公布最终结果之前,提出重新计票的要求。结果一旦公布,候选人及其代理人只能通过选举申诉要求重新计票。

经过计票和反复计票之后,选举监察人最终可以确定结果是否正确。尽管如此,这只是临时选举结果。选举监察人还要把各候选人的得票数罗列出来,并向各候选人及其代理人展示,然后才能向公众宣布结果。[21]

在讲向公众公布结果的场面之前,我们先简单讲述一下选票的有效性和无效性。其实,这个问题值得详细讨论。从法律上讲,选举监察人有权决定选票是否有效。从理论上说是这样,但实际上,只有审查选票并发现可疑选票时,他才有权决定。从上面的叙述中,我们不难发现,计票员才是真正确定选票是否有

〔21〕 35 –6 V. c. 33, Sch. I, s. 37.

效的人。因此，以下两点值得注意：第一，没有严格的制度规定指导计票员怎么决定选票是否有效。一切都要看这个计票员是否公正。当然，这个假设成立的前提是人类永远是公正的。但是，这个假定有时有用，有时无用。第二，即使有明确的规定要求怎么判断选票是否有效，也会有其他不公正的因素侵入现代选举的计票系统。比如，计票员可能会趁监票员不注意的时候，把投给 B 候选人的票偷偷放到 A 候选人的票里。这样统计的总票数跟投票站负责人汇报的总票数是一样的，所以一般不会被发现，但计票员确实把 B 候选人的票加给了 A 候选人。笔者曾亲眼看到这一幕。很难说这是不是因为粗心导致的。事实就是，这样的阴谋操作起来非常简单，尤其现代计票系统如此草率。

现在我们假定计票员和监票员都非常公正、认真，没有出现错误，有疑问的选票也都交给选举监察人决定。那么，选举监察人怎么判断这些选票呢？他做决定的依据是什么呢？据说，英国《选举法》抑或是习惯法里有一些一般原则可以用来作为判断选票是否有效的依据。[22] 通常的原则是，没有公章的选票无

---

〔22〕 35－6 V. c. 33, s. 2.

效,选民在选票上超出规定多选的票无效。第一条很明确,没什么可辩论的。但这种情况可能是投票站负责人或者工作人员盖章的时候没有盖好。如果错不在选民,为什么还要让选民承担后果呢?第二条有些模糊。有些选民将标记标在了两个候选人名字的正中间;还有些选民在不选的候选人名字下面做了不同标记。这些都是实际判断选票是否有效时的难题。

上述情况其实不是典型的例子,还有更难决定的情况。判断选票有效性的基本原则之一是,如果选票上能够辨识选民是谁,这样的选票无效。[23] 因此,选票上有选民名字缩写的无效,选票上标注选民登记号的无效。迄今为止,这些都还不是问题。另外,曾有权到过计票现场的人都会同意,选票上五花八门的标记,足以做成艺术展了!有些选民把在左边画十字,有些画在右边,有些标在最上面,还有些标在最下面,总之,什么样的都有。除了画十字,还有千奇百怪的标记形式,画圈、正方形等。还有些选民在选票上展示艺术天赋,手绘鸟图或肖像,也有选民在选票上画星星或箭头。诸如此类,不胜枚举。

如果选票上标记名字缩写或者登记号码作为辨识选民的标

---

〔23〕 35 –6 V. c. 33, s. 2.

记,导致选票无效,那么,画圈、正方形、星星、箭头和手绘呢？根据过去的决定,“选票上的标记形式只要指南,实质上符合规定就可以”。[24] 如此说来,那么画圈、正方形、星星和箭头的选票都是合法有效的。但是这样合理、科学吗？

如果人们不知道许多选票上的标记形式五花八门,而现代选举结果可能就是一两票之差,可能就无法理解这个问题的重要性。随着三方竞争的选举增多,微弱多数胜出的情况也随之增加。有些情况下,获胜者和落选者也就差三两票。比如,1911年在陶尔哈姆莱兹郡的选举中,获胜者得2179票,落选者得2177票。两票之差决定了这场选举的胜负。同年,在圣弗朗西斯西部地区的选举中,一个候选人得3384票,另一个候选人得3376票,就差8票！在类似这样的选举中,一票至关重要。如果重新查出那些填写不合规则的选票,根据确定的原则,重新分配,可能就会改变选举结果。

选票是否有效的问题先说到这里。投票通常在晚上8点或9点结束,计票要到第二天凌晨1点或2点才结束,有时甚至更晚。原则上,计票一结束,选举监察人就要马上宣布结果。一看

---

〔24〕 2 O’m and H. p. 216. 6 O’m and H. p. 229.

到投票箱被拿回来，成千上万的选民都会聚过来听选举结果。许多情况下，等候选举结果意味着在外边站着等了一夜。悬念对某些人来说确实激动不已。鉴于此，选举监察人的黄金法则就是“越快越好”。

选举结果通常先向在室内等待的人宣布，这些人包括各候选人亲属、地方政党领袖、热情的工作人员。在这个简短的会议上，当选者和落选者都依据友好的传统，各自向选举监察人致谢。选举监察人一宣布完结果，当选者会发表简短的致谢词，感谢选举监察人担任竞选裁判，感谢其高效、公正的工作。落选者本着优良的竞技精神，通常也以同样优雅的姿态感谢选举监察人。在场的其他人会对他们报以热烈的欢呼和掌声。选举监察人将有礼貌地回应他们的感谢。他会祝贺当选者，安慰落选者。此外，他宣布竞选到此结束，选区再次回归和平。

接下来就是向等在室外的广大民众宣布结果。这种场面往往都比较嘈杂。选举监察人宣布结果的时候往往需要站在讲台上，或是其他高一点的地方，然后一遍遍的宣读结果。选举监察人的每句话，都会伴随着无数的尖叫声、呐喊声、欢呼声和掌声，民众手里还挥舞着口号旗帜。如果当选者是工党成员，挥舞的就是“红旗”，唱的是“国际歌”；如果当选者是保守党成员，场上就会响起“上帝保佑吾国”。

当选者通常要出现在公众面前。他一般以典型的英式问候语“他是一个快乐的人”开场。如此振奋人心的场面，当选者虽然在紧张的竞选中早已疲惫不堪，但还是要在公众面前展示自己的演讲才能。跟其他竞选演讲一样，当选者的演讲通常会激起民众的热情，掀起现场气氛一次又一次的“高潮”。如果当选者是执政党成员，演讲内容就是对首相的感谢及其优良政绩；如果当选者是在野党成员，通常都大喊“首相下台吧！政府下台吧！”嘈杂声可能会持续好几小时，直到当选者离开，公众才渐渐散去。接下来，胜出的党派会大游行，集会也就结束了。

选举监察人的任务还没有结束。他必须立刻将当选者的名字汇报给皇室办事员。他必须将令状和证明交给选区邮局总部的局长，局长或其副手必须以加急邮递方式免费将背面写着“选举令状和回复”字样的包裹寄给皇室办事员。[25] 此外，选举监察人还必须将所有选票及诸如“问题选票清单”“声明”等文件打包并附上标签，标明内容和日期，转寄给皇室办事员。[26] 皇室办事员必须在6日内，连同保留的修改内容，返给所有审查

〔25〕 35 -6 V. c. 33, s. 44.

〔26〕 35 -6 V. c. 33, Sch. Ⅰ, r. 38.

人员,让其能够在适当的时间自由检查和复印,但复印要支付相关费用。皇室办事员将把收到的选票和所有文件保留 1 年,除议会或高等法院另有指令外,1 年后,销毁所有文件。[27]

令状寄出后,选举监察人还有两个任务。首先,他必须马上通过公告、告示、传单及其他他认为可行的方式,公示选举结果。公示内容包括当选者名字、得票数及其他候选人名字和得票数。其次,选举监察人还必须在规定时间内依法处理保证金。完成上述任务后,他作为监察人的职责就结束了。

---

〔27〕 35 –6 V. c. 33, Sch. Ⅰ, ss. 39, 40, 41, 42, 43.

# 第五章　竞选准备

通常而言,有选举就会有竞选。只有先界定了选举何时开始,才能说清竞选何时开始。遗憾的是,选举何时开始在法律史上一直是一个有争议的问题,并且,如果议会不采取行动,修正现有法律,这个争议还会一直存在。这类问题的指导原则好像是,所有问题"都由选举法官根据每场选举的具体情况决定"。[1] 至于选举的具体情况,法律上的观点是,"当时整体的政治史和候选人的个人行为都要予以考虑"。

但是,这个原则有问题。如果将"当时的政治史"和"候选人的个人行为"作为真实的判断依据,那就很容易得出,英国议

〔1〕 F. R. Parker, The Powers, Dutis, and Liabilities of an Election Agent and a Returning Officer. Ch.Ⅸ, pp. 216 – 217.

会选举从未停息,竞选活动一直都在进行。其奥秘是,为了遵守法律规定,令状颁布前,各政党和候选人会安排非正式的竞选活动。在此之前,都是以“政党活动”的名义开展工作。但是,在我们当前的讨论中,因为没有更好的词汇表述,于是就用“竞选准备”来描述这些名义上的竞选活动。

在这个标题下,我们讨论三个问题:(1)地方政党组织;(2)准候选人;(3)地方政党宣传机构。

谈到竞选准备,一位经验丰富的代理人曾经对笔者说,“现在选举期间的正式竞选都是一种传统。选举之前,仗都已经打完了。选区中能有一支优良、强大、高效的地方政党组织才是最重要的”。他还说,“世界上最好的竞选活动若不事先精心准备,通常都达不到目的”。

由一个强大的政党组织事先准备竞选活动,这种理念可追溯到19世纪早期。1832年《改革法案》颁布后,选民数量大幅增长。被选举权贵把持、转卖和继承的选民们逐步觉醒,开始珍惜拥有的投票权。渴望走进威斯敏斯特的候选人不再跟贵族和地主们讨价还价,而是直接面对众选民。因此,对于那些志趣相投、目标一致的人来说,有必要成立一些组织,管理选举事务。政党组织就应运而生。

在发展初期，新形势下组织的政党通常都有一个总代理人，负责在选区观察选情。经过一段时间之后，总代理人尽可能收集各种信息，成为专家，在这种特定问题上为党鞭和政党领袖提供咨询意见。“首相在冒险解散议会之前，会秘密咨询政党代理人，了解普选胜利的机会。当他出现在议会大厅，有时是否要解散议会仍然悬而未决，但人们都围着他，记者专注于他的一字一句，好像他们都是‘德尔斐神谕’”。[2]

随着时间的推移，每个政党安排一个代理人观察选举，已经完全不够了，需要更系统可行的解决方式。在成立自由登记组织时，辉格党领导了一项新运动：“到选区去”。托利党为迎接挑战，建立了一系列兰开夏郡组织和保守实施的社团。随着选民数量激增，政治问题日趋复杂，组织问题也变得越来越复杂、困难。时至今日，政党事业最首要的任务就是，在每个选区建立高效的组织机构，代表社区不同阶层的选民，组建政治活动纽带。

这些地方组织尽管名称不尽相同，党派隶属关系各异，但都有共同的目标。选区中的保守与联合组织是“协助传播政治信

〔2〕 M. I. Ostrogorski, Democracy and the Organization of Parties. Vol. Ⅰ, Ch. Ⅱ, p. 146.

息,确保完成登记,推荐一名保守与联合主义者担任议员”。[3]选区中的自由协会是,“在议会选举中,确保该选区自由协会成员当选”。[4] 地方工党基于同样的原则,以不同术语表示,其主要任务是,“团结选区内的工党力量,确保工党代表当选议员”。[5]

在上述目的的指引下,自然会成立这些地方组织。由于它们实际上是在日常时期准备并指导选举的总指挥部,所以,它们会谨慎努力,分布合理,从策略上考虑地方化。在每一个县或郡,只要有一个或者多个议会议员,就会分别有保守党、自由党和工党的组织同时存在。每个组织都有自己的营地和分支机构,分支机构包括妇女联合会、年轻人联盟、青少年协会。还会有一系列学习小组、演说教室、问讯处、合唱团、桌球室、体育小组及其他各种组织。

我们暂且先把注意力从地方政党机构转移到地方政党活动上来。不难发现,地方政党活动更加复杂。每个选区地方政党

---

〔3〕 Organizations Handbooks, National Union of Conservative and Unionist Association,(Palace Chambers,Bridge Street,London 1927).

〔4〕 The Liberal Year Book for 1927(Parliament Street,London 1927).

〔5〕 Constitution and Rules for Labour Parties.

首要也是最重要的职责是提高登记率。对于政党来说,转变隶属和雇聘支持者是没用的,除非这些人的名字能出现在登记处。许多年前,罗伯特·皮尔先生多次呼吁党内成员注意一个事实,那就是"选民之争的关键就在登记处"。有一次,他对他的追随者大喊,今天的口号就是"登记！登记！登记！"。大约半个世纪后,拉姆齐·麦克唐纳先生在他的"政党组织笔记"中写道,"一个政治组织的全部就是制造高的登记率"。1927 年保守党出版其指导手册时,着重标注了以下文字:"一个完整更新的登记簿,主要目的是确保政党在选举中竭尽全力。这样的登记簿因此被看作是必需品。"〔6〕

登记的重要性先说到这里。至于工作流程,尽管地方政府官员做得比以前好多了,但这些成就绝不能用来贬低党派成员的竞争和责任。要解释登记法就牵扯到许多策略,其中,政党政治开始充分发挥作用。法律条款可能会被各方利用。党务工作者必须对儿子众多的家庭或单套房屋里有众多房客的家庭尤为重视,因为这类情况下,通过巧妙的安排,往往有意想不到的收获。如果男孩跟守寡的母亲生活在一起,这就取决于党务工作

---

〔6〕 Organizations Handbooks, National Union of Conservative and Unionist Association, (Palace Chambers, Bridge Street, London 1927).

者去发现男孩独立居住,家具简单,并设法使其成为一个合格选民。如有儿子帮助父亲照料小生意,这就又取决于党务工作者,设法使其共同成为真诚的选民。

一方面,地方党派要尽可能多地吸纳追随者登记;另一方面,尽可能多地从登记簿中拉走对手的支持者。所有党派都明白,死亡或移除对手,不可能逃过登记处工作人员的眼睛,他们也没有机会扮演另一方。如果布朗是一名保守党党员,工党则会注意他是否真的达到登记年龄;反之,如果史密斯是工党党员,保守党也会这样。另一类不正当的方法是,引诱对手为那些承诺为自己党派投票但没有注册资格的选民注册,从而获得额外一票,也省去回答对方为此提出指控时的麻烦。当登记过程结束后,党派之间的选战则是从对方阵营中赢得更多的选票。随着正式选战的临近,原本私下的争夺日趋紧张。当正式选举文书下达后,暗斗也就变成了明争。

为了保证登记工作的成功,通常采用门对门的拉票。据从事竞选活动的人说,竞选开始前的拉票“要比选举开始后更加随意和富有想象力”。目前,3 个政党都采纳了一系列科学的拉票计划,解决平时的拉票问题。其中,街区制比较流行。根据这样的计划,各选区划分为不同的街区,每个街区再划分为社区和住宅区,再往下细化到街道或更小的单位。工作人员也分成不同的队伍,每个小区都有拉票队伍,有自己的领队和队长。随着时间的推移,领队和队长带领自己的队伍逐步进行门对门的拉票。与选民登记和拉票活动同时进行的是党派宣传活动,共同组成了地方政党活动的三重唱,这点我们在本章末尾会做介绍。

接下来的话题是推举地方候选人。“候选人”这一术语从法律上很难准确界定。实际上,到现在也没有令人满意的定义。如今的常规做法是区别候选人和准候选人,这种做法显然是一种逃避法律限制的策略。1883 年《预防腐败和非法行为法》第八章规定,“选举之前、选举期间或选举结束后,候选人或其代理人不得接受任何关于因组织实施选举活动而产生的超过表一规定数额的付款或其他费用”。对于此条规定,自然会出现谁是候选人,何时开始成为候选人的问题。如果不对这些问题有个令人满意的答复,很难解释“组织实施竞选活动”,也无法确定“规定数额”。

在这方面,麦克拉伦在 1895 年埃尔金和耐恩请愿书中的评论得到较多认可。他在该案中的判断是,“组织实施竞选活动”指真正意义上的选举,即党派在认知和思想方面已经从事组织实施竞选活动。[7] 波洛克法官赞同麦克拉伦法官的观点,并对该理论做了进一步延伸,说道:“培养选民感情,向选民介绍自己,这些花销不属于第八章规定范围。”[8] 根据该逻辑,波洛克法官得出结论说,“我不认为,立法机关不用一词就想表达,‘组织选举’是要禁止或打算禁止,在特定情况下,不但积极从事竞选活动,而且宣称如果产生职位空缺,有意成为候选人”的人。基于上述讨论,波洛克法官提出了“候选人”和“准候选人”的概念。[9] 现在,候选人是指已经正式被地方政党会议接纳的人。在被正式接纳前,个人如果只是“培养选民感情”,只能是准候选人。

这种做法无疑是巧妙地逃避法律,为政党政治做挡箭牌。因此,导致 1883 年《预防腐败和非法行为法》第八章规定形同虚设。在法庭辩论时,有律师指出,“在某些情况下,拉票人员在解散议会或选举令状下达前,已经工作很久了。如果相关花费不被认作选举经费,法案中规定选举经费额度就成了笑柄”。这些发现都是不争的事实。随后还会进一步讨论这个问题。在

---

〔7〕 O'Malley and Hardeastle's Reports of Election Petitions, Vol.Ⅵ, p. 39.

〔8〕 Ibid.

〔9〕 Ibid.

此,我们承认候选人和准候选人的区别,并将继续讨论准候选人的遴选过程。

大体而言,不同党派关于准候选人的遴选基本相同。每个选区的地方组织名义上可以全权推举准候选人。所有党派的第一步是挑选出合格并有意愿接受该党提名的个人。被称为地方执行委员会的小团体,由少数当地政治家和政党幕后操纵者组成,通常控制了全部事务。通过这些小团体,推荐名单被送往总理事会。如果仅有一人获得提名,理事会通过正式决议批准该提名,该提名人员将会成为党派“准候选人”,并被宣传推广。如果有多人获得提名,理事会则需通过内部协调解决这类问题。从程序上来说,被提名者需要在理事会陈述各自的政治观点,或是到党员大会上发言。至于如何产生最终决定,提名人如何击败对手,这都是政党政治,难以深究。

提名准候选人的决议往往言简意赅。各党派之间同样大同小异。有时是这样表述的,“本理事会及本党在本选区邀请某人,待时机成熟,将其提交人民会议,作为本党参加议会的候选人”。决议言辞其实并不重要,只是形式。但组织给予的这种形式对于准候选人来说尤为重要,它确认了该候选人在同一党派内相对其他竞争者无可争辩的特权,并且,从那时起,该人真正成为本党遴选者,党派精神都会集中在这个人身上。

如上所述,这种遴选名义上是由地方党派独立自由进行。但各党派法律都规定:“如果没有人获得提名,或时间来不及采用正式程序,全国执行委员会与地方执行委员会商议,并得到其许可后,将会采取措施确定合适的议会候选人。”如果遇到这种紧急情况,保守党全国联盟和工会组织往往有150多个准候选人候补名单。自由党则会采取其他措施,“如果地方提名不成功,应寻求区域自由联盟秘书的帮助”。如果还不成功,伦敦自由党总部则会对此负责。工党尽管在一些细节上存在差异,但采取的措施基本相同。

如果候选人是中央总部指定的,则会涉及党派机构的繁文缛节。在正式提名前,通常会安排被推荐的个人与地方党派副主席会面。欧斯托格斯基指出,“如果他们不参加,组织将会更换提名候选人;他们会有大量各种人选,总有一个可以满足所有人的要求。组织不会在提名候选人上给选区压力,只是扮演中间人的角色”。[10] 但也不排除党派领袖或中央组织的人会干预此类事情。当选区遴选的候选人,其观点与本党前排议员或一

〔10〕 M. I. Ostrogorski, Democracy and the Organization of Parties, (New York 1902), Vol. 2, p. 148.

两个主要领袖意见相左，或是不被他们接受，那么这些领袖或中央总部肯定会强烈干预此事，并且通常都会成功。[11]

如果产生分歧，地方党派和中央肯定都坚持自己选择的候选人。怎么才能遴选一名“优秀的候选人”？毋庸置疑的是，任何党派都不会遴选与本党原则相悖的候选人。但毕竟本党原则这种表述很抽象，且模棱两可。当开始尽力吸引选票时，与其说候选人要赞同本党原则，不如说要赞同党派高层的观点，并在自己选区宣传。在同党派的支持者中，有人迫切想在英格兰发起法律禁令运动；有些宗教徒要求严格守安息日；有人认为应该取消堕胎和强制接种疫苗。这些问题都不会出现在任一政党的竞选纲领中，但每个想要成为优秀候选人的人都必须面对这些。据说，优秀候选人是能够给出承诺，尽可能多地争取选民支持自己的人。达到这一要求唯一的办法是，不明确支持某项原则，这样可以应对各种情况。

优秀候选人的原则先说到这里。无论候选人支持什么政策，为了推进这一政策并证明他在支持这项政策，优秀候选人必须是一名优秀演讲家。他需要口齿伶俐、回答巧妙。当然，竞选

---

〔11〕 H. Bolloc, The Party System, p. 120.

期间，一个优秀演讲家确实会有更好的表现。但经验丰富的竞选工作人员也承认，靠雄辩能够拉到的选票所占比例很小，并在逐步下降。如果候选人有其他更实质、更重要的优势，因此更具吸引力，那雄辩就显得不那么重要了，因为“其他人会帮他说话的”。[12]

已经反复强调，“一名候选人，无论是准候选人还是正式候选人，需要培养与其潜在支持者的亲密关系”。为了走向成功，他需要特殊的政治礼物，这不仅仅是一点点共识，而是有能力对自己的追随者做出准确判断，从而抓住大众观点的脉搏。当然，通过自己的社会关系广交朋友，把他们转化成自己的投票人，这种能力无疑非常重要。所以，良好的记忆力有利于政治事业的发展，也是优秀候选人非常稀缺的特质。如果能够叫出“杰克”和“汤姆”的名字，通过声音就能知道“贝蒂”和“罗斯”，这种触觉和感官影响能够产生不可思议的政治效果。

遴选候选人时，地方性问题值得商榷。有人相信强龙压不过地头蛇。当地人的优势是很容易被大众接受，因为他是“自己人”。开始投票时，他可以把自己包装成“受人喜爱的儿子”，

---

〔12〕 J. Lloyd, Elections and How to Fight Them, (London 1906), p. 16.

打政治感情牌,这被称作地方风格或地方主义。另外,在当地生活中,他难免会有一些不必要的敌人。他可能会跟一些大雇主有过争吵,也可能不小心曾和当地牧师发生过争执。此外,因为他知名,难免会招来一些人的嫉妒。还有一个细小的事实,因为镇或村里的孩子们对他的脸没什么好奇,导致失去一些父母的选票。

因此,好候选人的特质永无止境,每人都有自己的优缺点。但是,在判断一个候选人时,有些东西已经成为并将继续作为最重要的标准,这些值得注意。根据波洛克所述,通常能够进入议会的主要是以下几种人:“第一,能够影响地方政治组织的当地富人;第二,能够收买中央组织的外来富人。”[13]这种观点可能太悲观,但在很大程度上是不争的事实。欧斯托格斯基说,“令人忧虑的是,有时候组织会做出草率的决定,遴选的候选人可能不是最合适的。原因是,当肚子饿了时,人们需要尽快找到能够填饱肚子的东西,或者,用当前的政治口号来说,‘保证组织运转’”。[14] 当谈到舞弊和违法行为时,针对这个话题还有很多内容。这里已经足够证明,在政治领域,无论是英格兰还是其他地

〔13〕 Bulloc, p. 125.

〔14〕 Ostrogorski, pp. 450 – 451.

方,人际关系总是最后取胜。任何人公然藐视活生生的政治现实,既不会是好的政治理论家,也不可能是好的政治实践家。保守党在自己的政党手册中很务实地坦诚道:“显然值得推荐的是,遴选的候选人要有足够的金钱,选举从来不是一项廉价的活动。”〔15〕从这一点上,我们可以得到鉴别优秀候选人的真正线索。

如果遴选了一名优秀候选人,他该怎样表现才会不辜负自己“优秀”的声誉呢?许多时候必然依靠他的钱袋子。如果不愿意,那么他可能不仅会损害自己的利益,还会损害到党派的利益。除了“煤票”和“免费酒水”这些多少是免费自愿提供的礼物,还有一些基本是必要的开销。只要他一拥有高贵的“准候选人”头衔,他同时就身不由己了。这个或那个社会组织的荣誉会员,这个或那个俱乐部的荣誉主席,这个或那个协会的荣誉副主席等,接踵而至。“荣誉”意味着该候选人无权享有金钱报酬,但也绝不意味他可以不用为这些“荣誉”埋单。自此以后,他家的门铃就得经常修了,因为来自教会、小礼堂、医院、避难所、俱乐部及其他组织的代表人会接踵而来。每个来的人都号

〔15〕 E. N. Bunn, Political Organization; Practaeal notes and suggestions.

称代表某个组织,团结了某一类人,能够将他们组织起来,“通过暗示他们代表了有影响力的选民,这些人手中握着选票,进而从他身上骗点赞助费。这根本就是对候选人的勒索,如果候选人事先对这些不知情,真是值得真诚的同情”。[16]

“准候选人”交给选民的“税”可不仅仅只限于金钱,他还必须投入所有的时间和精力。在自由党手册中,建议准候选人“参与选区举办的重要的社交、民政及其他事务”。他还应该去参观“花展”和“股市”。总而言之,他要去拜访“尽可能多的人”。[17]

当然,一个想要坐在威斯敏特斯大殿为国家制定法律的人,即使不是天才,也必须要有一定的常识和智慧。因此,他还要“充电”,丰富自己的学识,了解当前的政治问题。“他需要经常阅读当地报纸,了解当地日常事务。留意这些信息能为他的演讲和谈话提供非常棒的素材”。[18] 他可能不知道在日内瓦召开的大英帝国会议,但他需要知道“选区工业发展和人民日常生活的基本情况”。党中央还要求他必须学习本党的所有文献,

〔16〕 Ostrogorski, p. 452.

〔17〕 Bunn, Practical notes and suggestions.

〔18〕 Ibid.

通常这些文献是面面俱到,但又泛泛而谈。一个“准候选人”的心智大都是这么建立起来的。地方选区的现代竞争中真正需要的是平庸之辈。天才通常会毁了这种竞争。

目前为止,我们已经讲了地方政党组织和准候选人。没有政党宣传,选举准备工作肯定是不完整的。我们已经讲过他们是如何建立地方组织和选择候选人的,下面我们就来看看组织是怎样宣传候选人的。待时机成熟,这个人就从准候选人变成真正的候选人,并最终当选。首先是所谓的政党教育,包括演讲和出版物。毫无疑问,在选举中这些活动将会加速进行,但这些活动也是政党日常工作的主要内容。

只要条件允许,党派就会抓住一两个主题,利用这些话题,组织全国范围内的支持竞选或反竞选活动。保守党的反布尔什维克主义竞选活动、自由党的土地改革活动以及工党的工会法案,都是最近的例子。在这些有价值的事业上,“大人物”到处巡回演讲,教育国民,并安排大型示威活动,举行群众集会,组织公开游行。同时,所有党报,如《泰晤士报》《每日邮报》《每日新闻》《每日先驱报》,都会用超大标题和长篇大论的社评来谈论那些部分是人为制造、部分是夸大的政治问题。认真分析一下,这些活动没有启发、鼓舞、激励、引导、指导作用,就是希望能从选举中获胜。

虽然中央总部忙于这些全国范围内的政治运动，但是地方政党组织也要为了同一目标忙碌着同样的事情。地方宣传虽然涉及规模小，但是热情不减。他们经常有每周演讲、星期六谈话和晚上讨论。为了吸引更多的人，这些活动都是以音乐开始，以舞蹈落幕。有时，演讲人是当地领导人，有时是伦敦来的访客。但任何时候“准候选人”肯定在场，不是担任活动主持，就是作为辅助演讲人。曾经有一个外国人，可能是印度人或日本人，也可能是其他东方国家来的人，被邀请讲了一个关于国外领土的神话故事，但这也只是为了稍稍打破千篇一律、让人疲惫不堪的政治老话题，进而活跃气氛。即使这种为数不多活跃气氛的举动，活动主持人或候选人也能想办法把国外神话故事和本国政治联系起来，向听众们灌输一两点暗示，为即将到来的选举铺路。

政党教育的另一个阶段是出版物。在一些有价值的问题上，会出版无数的传单和小册子，分发到全国大街小巷。政党印刷办公室不断生产各种类型的传单，分发到不同地区。这些传单有时画些丰富多彩的绘画，有时画些艺术卡通人物。上面的内容基本上都是不可信的夸大之词和无耻的谎言。如果不是大多数人连看都不看直接扔进垃圾桶,这将会给人民的思想带来更大更可悲的毒害。

如果有足够的资金支持,地方政党会建立地方报刊。即便做不了每日报刊,也会做周报或双周刊。在政党政治中,采用诋毁、诽谤的进攻性立场总是明智的。大家都赞同,相比于传单和通告,出版党报,即使只有很小的发行量,也是毁掉对手信誉的有力武器。正式竞选开始后,政党报刊的作用会更加显著,这一点稍后我们还会讲到。

作为会议和出版物的补充,政党的社交集会不可或缺。支持者的转变大都不是因为政论和劝说,而是因为“咖啡”和“酒水”。一个组织良好的地方政党都会有许多俱乐部作为根据地,以一种热情、随意的方式渗透其政治原则。

政党俱乐部的起源可追溯到政党发端之时。那是在 17 世纪,跟咖啡同时引入。随着咖啡厅的出现,很快就成了联谊会和政治社交场所。安妮女王时期,这些俱乐部繁荣发展。聚会地点也逐渐从咖啡馆移到了著名的大酒店,在这里,政友们既可以共进午餐,也可以把酒言欢。这类俱乐部的聚会多少是公开、随意的。他们没有固定的地址,没有注册会员。“按照我们现代的理解,真正的俱乐部,应该是要先注册,成为会员,但这样的俱乐部直到19世纪才出现。”[19]现代的俱乐部在政治上更有影响,也更加重要。它们在每个选区被称作“政党组织的一部分”,“没有一两个这样的附属俱乐部,就不能说一个政党组织是完整的”。

组建这类俱乐部,在选择管理俱乐部的领导人时要格外上心。不喜欢“吃喝玩乐”的人是不适合这一职位的,因为在这类人的监管下,这些俱乐部将变成纯粹的政治机构。那些全心全意忠于党的支持者和宣誓将政党利益放在第一位的人士应当是俱乐部领导人的首选,也是政党组织渴望的人选。

一个运行良好的俱乐部都有其相应的社会政治项目。因此,“为了让参加音乐会的观众十分清楚这是一个政治俱乐部,在每场音乐会开始前,都会有一段简短的讲话”。以这种方式做宣传,其效果真是非常惊人。在这种场合演讲的一般是其政党辩论协会的演讲级成员,这是他们克服怯场、崭露头角的机会,也是为政党打广告的平台。音乐会或舞会入场券上“会印刷一些关于政治时事、事实和人物等内容,供成员阅读”。所有俱乐部经理的座右铭是:“不要放过任何传递光明的机会。”

---

〔19〕 Ostrogorski, op. cit. pp. 143 – 145.

这些俱乐部还是未来选举工作人员的培训学校。在这些俱乐部的赞助下,组织了许多演讲训练班、辩论组和拉票小组。他们有系统的成员档案,记载着名字、住址,最重要的,是选举来临时这些成员愿意为政党提供的服务种类。这些档案就是政党的备用军团。当令状颁布,竞选开始,这些备用人员就会获得一个动员令。他们就像是受过训的士兵,开赴前线,准备作战。

# 第六章　组织竞选

现代是一个有组织的年代。劳埃德(J. S. Lloyd)说,“一个成功的组织者,在商业圈可以建立一个大企业;在政治上,能赢得选举。尽管目的不同,但是组织能力和组织精力对每个领域来说都是重要的”。[1] 事实上,政治竞选有时比商业活动更需要好的组织技巧和策略。第一,政治有着非常复杂的属性。赢得选民并不像赢得客户那么简单。在商业中是交易,商人用货物换客户的钱。在政治中不是这样的,选民被要求投票,却不应该收取任何好处。第二,在商业组织中,雇主多多少少可以随意指挥雇员,事实上,雇员拿了薪水,意味着有服从雇主的义务。在选举组织中,大多数工作人员都是志愿加入的支持者。他们

〔1〕 J. S. Lloyd, Elections and How to Fight Them, p. 1.

自愿提供服务,完全出于个人感情和私人友谊。因此,相比于政治领域,商业中更容易维持纪律和命令。在竞选中,当我们意识到“每个选区都有其特点,这会让竞选工作更加困难,因为在某个选区获胜的方法,在另一个选区则可能失败。但在每个行政区,每个选区,外交工作还是很重要的。[2]

首先需要区分政党组织和选举组织。从实践来看,这两者可能是一样的,但从法律视角来看,它们至少必须看起来是分离的组织。根据法律规定,除了候选人本人或由候选人聘任的选举代理人,其他任何代理人不得为竞选花钱和分发出版物。因此,为了避免违反法律规定,所有政党暂停政党组织的一切活动,建立名义上独立的机构来参加竞选。无论这种只为了符合法律要求的形式转化是否真的必要,我们不去深究,但足以表明,有这样一种转化。认识到这一点将有助于我们更好地了解选举组织。

现代选战用时短且异常激烈,结果取决于对战双方的效率。竞选就像一场军事战斗,如果各方面跟对手旗鼓相当,那么最后是否胜利就取决于“工作人员”。“工作人员”的成败反而又依

---

〔2〕 J. S. Lloyd, Elections and How to Fight Them, p. 1.

赖于他们的总指挥。当然，在竞选中的总指挥就是选举代理人。

“选举代理人”这一术语现在的法定意义源于1883年《防止舞弊和非法行为法》。在此之前，选举代理人是指管理竞选的人，可能包含也可能不包含通常所谓的费用代理人（一个或多个）。[3] 1883年法案中明确规定有且只能有一个选举代理人，履行所有的职责。之前，这些职责由多个代理人共同履行。选举代理人可以是候选人本人，也可以是他任命的人。

选举结果和候选人的政治前途很大程度上依赖这个代理人。他在选举中的任何失误都可能导致灾难性后果。“因此，被选为选举代理人的人必须要有一定的地位、责任心强……有足够的力量和崇高的人格魅力。”[4]

在组织工作人员和管理竞选上，选举代埋人必须要有敏锐的洞察力，了解下属员工是否正直、负责任、有担当。就像有些人说的，他必须是个“受人尊敬的绅士”，确保大家都听他的；他还必须是一个“快乐的人”，可以团结更多的同道。如前所述，大部分选举工作人员都是志愿者，因此，要不断地激励并善待工作人员，否则，他们可以随时辞职走人。如果代理人管理不善，

---

〔3〕 Parker, Election and Retuming Offtcer, pp. 2 – 3.

〔4〕 6 O'M and H., p. 163.

政党的政治热情可能就换来政治冷漠。民众的政治冷漠不仅会导致候选人失败,同时也会对政党造成伤害。

选举代理人必须能和候选人通力合作。“一方的小干扰或者另一方的小疏忽就可能导致非常严重的后果。在整个选举过程中,双方是共同负责,相互领导的。”[5]一方面,代理人要对候选人有完全的信任;另一方面,代理人还要从精神上和心理上理解候选人。此外,当选举开始时,候选人在某些方面可能就会变得紧张、反应迟钝、被人嘲笑也不会反驳,就需要代理人帮助候选人恢复状态。如果候选人不擅长演讲,明智的代理人就会让候选人远离讲台和话筒,自己去拉票。如果候选人接待代理团,代理人有责任“简短介绍候选人,并让大家注意到候选人”。“消除他不必要的烦恼。如果他为某件要做或已经做的事特别焦虑,要给他一个能解决问题的保证。不要让其他人打扰他,他必须始终以最佳的状态出现。候选人疲劳的后果你可承担不起”。[6] 这些是作者给选举代理人的建议,也是候选人和代理人之间的关系。

作为组织的总指挥官,代理人负责制订竞选计划。勘察

[5] H. J. Houston, Modern Electioneering Practises, pp. 57 - 64.

[6] Ibid.

“战场”、组建会议室、制定工作时间表、呈报提名表、监督和控制选举支出等，都是代理人该做的事。政党在什么问题上需要出击，在什么问题上需要防守，哪里需要撤回一部分“兵力”，哪里需要“援军”，所有这些事情都由代理人负责。候选人只是一名遵从指挥、奔赴战场的士兵。

代理人还要应对千万选民。尽管代理人这一重要身份不需要他亲自拉票，但他与选民的联系最紧密。因此，据说和蔼的态度——并不是本质上讲的那种好接触、好说话的态度，而是纯粹关心的态度，能够帮助代理人在工作中走得更远。以前，无论候选人走到哪里，代理人都要跟着。现在的代理人已经无法把全部时间都用来充当候选人的“保镖”了，一名代理人，如果他清楚地知道在各个场合的职责，就必须和候选人一起出席各种会议，出入各种场合。这时候代理人识人记人的能力会对他的事业起很大作用。与律师或者投资人的一个握手对普通平民就是莫大的荣幸，因此，代理人可能通过不经意的问候和聊天就能为他的候选人获得支持票。随着选民人数的激增，一个成功的代理人必须掌握一些大众心理学的基本知识。竞选的胜出者一定是那些善于煽动广大选民情感和智慧的人。他运用这种知识，决定对某些问题是否表态、分配演讲人和调度拉票人。总之，一句话，整个竞选就是人类心理战。如果代理人不擅长这个就不是一个合格的代理人。

如果代理人不熟悉法律，可能能够赢得投票，但却不一定能为候选人赢得席位。更糟糕的是，他可能会毁掉候选人再次竞选议会席位的机会，也会使自己在未来几年内不能担任选举代理人。如果代理人想避免舞弊和非法行为，就要记住成千上万的法律细节。

总之，代理人的存在就意味着，“所有的选举事宜都要在阳光下进行。他必须是一个负责任的人，对候选人负责，也对广大选民负责。并且，他需要承担一切必要之事。他是一个合法的‘幕后老板’；他要对选举中的所有行为负责，并且事后能够对选举管理中他的行为作出合理的解释”。[7]

法律规定有些人不能担任代理人。候选人不能任命——无论是付费还是不付费——在议会选举中犯过舞弊和非法行为的人担任代理人。[8] 此外，候选人不能任命选举监察人、副选举监察人及他们的工作人员为代理人。如果候选人违反上述规定，则属于犯罪，须依法惩处。英国 1872 年《选举法》规定，候

〔7〕 4 O'M and H. , Election Petitions, p. 82.
〔8〕 Vict. , c. 125, s. 44.

选人不得任命同时被选举监察人或副监察人任命为选举工作人员的人。违反这一规定就是违反《选举法》,相应政党要受法律处罚。[9]

代理人被任命的时间也是由法律规定的。代理人必须任命于“提名日前或提名期间,尽管没有必要在提名时或提名前任命”。[10] 根据前述内容,代理人对选举的每一阶段都负有法律责任,包括招聘下属,管理选举支出,所以,在提名前几天任命代理人是比较合适的。当选举临近,竞选确定,该代理人就会立刻上任。

关于任命代理人,法律并没有规定必须由候选人本人任命。就目前的法律规定而言,“通过候选人或由候选人代表任命”。选举时不在选区人也可以参选,因此,他就会通过提名人或附议人,以他的名义任命代理人。而且,代理人的任命有可能只是口头的,因为“法律只要求任命代理人,并没有要求以什么样的形式”。所以,候选人和代理人之间的协议可能各式各样。如果候选人和代理人是朋友,那么他们的协议可能完全是基于个人关系或朋友关系;否则,可能会是类似商业合同的形式,他们的

〔9〕 H. J. Houston, Modern Electionneering Practice, pp. 201 – 202.

〔10〕 Corrupt and Illegal Practices Act, 1883, s. 24.

关系就是雇主和雇员的关系。

代理人的酬劳也不统一。1918 年法案规定,如果是县级选举,代理费不得超过 75 英镑;如果是郡选举,代理费不超过 50 英镑,具体"通过协商后"支付。但"通过协商后"这一条的真正含义,法律没有明确规定,也没有律师试图去明确这一点。法律只规定,无论"协商后"的代理费是多少,都从拨给的选举费用里出。[11] 在一定程度上,所有这些法律规定并不妨碍候选人和代理人之间协商代理费事宜,因为,如果最大开销限度很难把握的话,在相互理解、秘密协议的基础上,关于代理费很容易达成一致。只要没有从字面上违背法律,达成的协议对候选人和代理人来说都容易接受。"如果出于友谊、感激尤其是出于好意,给予代理人友好的礼物或选举中的其他帮助,而非金钱,好像也没有人反对,而且也没有违反法律精神和法律字面意义",[12] 这种情况就更简单了。因此,尽管代理人责任重大,但还是有很大的吸引力。

通常情况下,选举工作人员有两类:付薪工作人员和志愿者。就本研究而言,我们先来说说付薪工作人员。

---

〔11〕 7 – 8 G. 5, c. 64, s. 33, and schedule Ⅳ.

〔12〕 Parker, p. 22.

在总代理人下面可能会有若干副代理人。这通常只有在选区范围太大,选民分布太广的情况下才会出现。副代理人的职责和任职资格基本上和总代理人一样,只是总代理人担任的是“总指挥官”的角色。

法律还授权任命办事员和信差。在县选举中,通常会任命一个带薪办事员和一个带薪信差,负责中央委员会办公室的工作,如果县选区选民超过5000名,每满5000名选民就要任命一名办事员和一名信差;如果选民超过了5000名或超过多个5000名后,还有不足5000名的选民,也要任命一名办事员和一名信差。县的每个投票区应该只有一名办事员和一名信差。在选区中,每多出来的5000名选民也要额外任命一名办事员和一名信差。〔13〕如果郡是县的一个投票区,也要任命同样多的带薪办事员和信差。〔14〕

关于这些工作人员的任职资格,法律禁止选举监察人和选举官员们担任这样的工作。此外,曾有舞弊和非法行为的人不符合任职资格。招募竞选的带薪工作人员时,除了上述法定限制,还有一些其他的因素需要考虑。在采访一位选举代理人时,

〔13〕 7 – 8 G. 5, c. 64, s. 33.

〔14〕 Ibid.

笔者得知,成为工作人员后要借机“在一定程度上帮助竞选”。并且还指出,当地组织的前任秘书长通常会有一个备用名单,列举了在聘用时有用的人。据接受采访的代理人说,“这不仅履行了国家责任,还留下了好的印象。而且还有助于后期拉票。”这只是招聘带薪工作人员途径的一种。

除了办事员和信差,候选人还要聘用大量的投票代理人和计票代理人。投票代理人是根据英国 1843 年《登记法》任命的官员,首要任务是“督查投票会场冒充选民的行为”。〔15〕如今,投票代理人的职责是在选民投票时监督选民行为,以防发生舞弊和非法行为。以前这样的职位是由候选人本人任命。现在如果任命人员愿意提供无偿服务的话,候选人还是可以任命。如果是带薪的服务,则必须通过代理人任命。这里的计票代理人不同于选举监察人任命的计票工作人员。计票代理人的职责是担任计票监督角色,保证其候选人的选票不出现计算错误。投票代理人和计票代理人没有别的特殊责任,并且还享有投票权。根据法律许可,他们可以依法进入保密的地方。他们进入时,一定要先进行保密宣誓。跟办事员和信差不同的是,此类代理人

〔15〕 6 -7 Vict. ,c. 18,s. 85.

不限制人数,却受选举开销额度的制约。如果选举代理人想把财政开支控制在法律允许的范围内,就得尽可能少地任命这类工作人员。

相比起志愿者,招聘的带薪工作人员数量并不算多。事实上,如果没有庞大的志愿者队伍,也就不可能有现在激动人心的竞选。

无酬工作人员不同于代理人,而是各式各样,有高职位的代理人、总指挥官,往低处说有包括爱八卦的妇人、街头流浪者,还有一些学生族在会议室闲荡,追在候选人的车后面,在广场和酒吧欢呼雀跃。这些志愿者的作用绝不可低估。竞选工作中某些阶段都依靠这些志愿者进行。首先,有一些竞选演讲人,其在现代竞选中具有不可或缺的重要性,我们随后会进一步描述。无论是室内会议、室外会议,小集会、大示威、火炬游行,还是投票前夕集会,所有这些场合,演讲人都需要“观众”才能“拉开序幕”,通过激励、鼓动去点燃天真、感情用事、易受影响的选民的政治热情。无论这些演讲人是政党领袖、“普通议员”,还是地方幕后人,抑或是政党演讲组的学生,大多是无酬的。

下面我们来说说庞大的拉票队伍。法律规定不得在选举中雇人拉选票,但这项工作又必须要做,所以,就雇一些至少名义上是志愿者的人。考虑到选区中选民的数量,以及分散性,并且,大多数时候,拉票工作还需要一遍遍重复。看看每个候选人的拉票队伍有多壮大也就明白了。但是,根据法律规定,这些人既没有工资,也不准发给其他形式的奖励,甚至都不能给其提供点心。

此外,竞选需要人填写寄信地址,需要人分发传单、张贴海报,以及数不清的零碎工作,还需要大量的"监督员"、司机以及唤醒选民的"党鞭",就光数数这些人,每方也需要100多人。

在现代竞选中,只要能提供志愿服务的人,选举代理人都会利用。即使那些穷孩子,曾被认为是"无选举权、无药可救的讨厌鬼"和"在会议室捣乱的闲杂人",现如今也被列入所谓的竞选"轻步兵团"里。休斯顿(Houston)写道,"许多年轻人也想担任竞选的无酬工作人员。他们可以分发宣传单,把窗口卡带回家,哄骗父母贴在窗上,以及帮忙做些其他小事,反正只要他们不被驱赶出去,就会被当作朋友"。[16] 到了投票那天,孩子们做的工作尤为重要。在会议室外呐喊,在不同的投票站欢呼,跟在候选人车前或车后游行等。他们在投票日帮助激起选民的政治

〔16〕 H. J. Houston, Modem Electioneering Practice, Ch.XI, pp. 181 – 182.

热情，营造竞选氛围。

如何招募这些工作人员呢？这是各政党在正式选举前很久就得解决的问题。一个组织良好的地方政党都有一本工作人员名册，上面记载着姓名、住址、工作宣言等，这本名册就像是一些义务兵役制国家的征兵册。当有战事临近，政府只需要拿出征兵册，发布命令，那些受过训练的人就会“出列”。政党选举中也是这么做的。如前所述，各政党平时都有附属组织，妇女协会、青年团、运动小组、演讲课堂、讨论小组等，诸如此类。所有这些都是以社会组织或体育小组的名义组织起来的政治训练营。只要令状颁布，竞选开始，这些组织立即就变成拉票小组、使者团、巡回演讲队等。如果不是基于这个目的，地方政党平时根本就没必要设立这些组织。

如果是递补选举，招聘工作人员的问题就更好解决了。地方政党经常从相邻选区的同一党派那里借人手。相邻选区的党务工作者通常都组织起来，前往“战场”支持其政党候选人。他们公开集会、组织游行示威，最终加入工作人员。

至于有地方党派向伦敦总部借人手的，其代理人有可能是党派总部经验丰富的组织人被派到地方直接指挥“战斗”。地方组织总会有一个议员名单，以供演讲部使用。如果有机会赢得议会席位,让政党领导出面参加公园集会或剧院集会的演讲也不是难事。事实上,只要有选举,各党派就能找到帮手参加“战斗”。

在这一点上,分析这些志愿者的不同动机会发现许多有意思的事,也能帮助理解人们永不磨灭的竞选激情。大领导来支持候选人显然不是无偿服务。如果候选人当选,以后在议会上也要回报曾帮助过他的这些人。至于带着自己的队伍去帮助相邻选区的准候选人,也只是为了以后有可能也需要对方的帮助。在这种竞选中,这种经验本身就是很有价值的培训。至于那些地方幕后人和政党组织者都知道,如果议会里有自己党派的人,党派做事就会方便很多,有需要时就能很好地得到照顾。一旦候选人当选,“照顾”选区就是当选人的事,而不是党派的事了。

毫无疑问,议会议员对地方政治有很大的影响力。随着国家变得越来越民主,公职人员数量也在按一定比率增长。这种情况下,地方政党在地方政治中的影响也越加强烈。谁还能比议会中的政党候选人更有机会得到这些公职呢?

大多数情况下,坐在威斯敏斯特席位上的人都比较富有。否则,他要么拒绝提名,要么被党派拒绝。这种情况下,当他参与竞选时,对志愿者的吸引力非常大。比如,如果候选人是工厂主,志愿者通过在竞选中给他提供志愿服务,以得到在他工厂工作的机会,远比乞求招聘市场的秘书好多了。如果教堂需要一名敲钟人,台球俱乐部缺少人手,就得先去候选人的竞选中提供服务,帮助其竞选。只要候选人当选,他就会回报这些成就他的人。法律可以禁止舞弊和非法行为,却不能阻止以慈善名义进行的贡献与馈赠。毕竟,政治不可能那么僵硬,通过严格死板的法律教条就能予以规范。人与人打交道时,无论是好是坏,总能找到一些方法越过法律。大多数时候,这种超越法律的情况都是馈赠人和受益人相互合作。有时,馈赠人被迫保持传统,"口袋里时常装点现金",以防用得着,别没输在投票上,反而输在招聘工作人员上了。

目前为止,我们已经讲了竞选工作人员,包括有偿和无偿。现在我们转向组织竞选的机构。首先要有个中央委员会,作为整个作战部队的总指挥,其中,包括候选人办公室、代理人办公室、各竞选部门等。从策略上考虑,如果是郡级选区,总指挥部办公室就会设在繁华的镇中心,如果是县级选区,总指挥部办公室会设在中心村。如果可能,位置靠近交通线就更好了。同时,必须避开酒吧这种法律禁止的场所。

现代选举组织包括下列活动部门:(1)会议;(2)出版宣传;

(3)拉票;(4)妇女选民;(5)运输工具;(6)特别选民;(7)包装人员和分发人员;(8)经费。[17] 当然,具体安排要根据不同情况而定,但主要活动就是上述几类。因为上述每项工作都值得详细分析,我们接下来会分别涉及。

在不同选区和投票站都会有许多分部。关于这些分部的位置,1883 年《禁止舞弊和非法行为法》规定,不得设在"批发或零售酒的场所;除政治俱乐部以外的售酒俱乐部、社会组织或协会;有食物和酒水消费的场所及公共小学"。法律还限制了每个选区分部的。[18] 在县里,每个投票站只能有一个有偿雇用的分部办公室。如果投票站超过 500 名选民,每多出 500 名选民,可以多设一个办公室。在郡选区中,规定是一样的,只是选民数量每超过 500 名时,需多设一个办公室,最后不足 500 名选民的部分也要设一个办公室。至于这些办公室的工作人员,带薪工作人员的人数是受到限制的,但志愿者不受限,每个办公室可以就自己党派所能尽可能多地使用无偿工作人员。[19]

办公室的门外或者窗上都应该有指示牌,如"某某先生的

---

〔17〕 H. J. Houston, Modem Electioneering, Ch.XIV, pp. 65 – 164.

〔18〕 46 – 47 Vict. , c. 51, Schedule Ⅰ, Part Ⅱ.

〔19〕 Ibid.

竞选委员会办公室”。还会有许多贴画，尤其是候选人的肖像，或者挂在窗户上，或者挂在墙上。与这些肖像并排，还会有政党标语和各种各样的政治广告。有些在巨大广告板上贴着彩纸，写着各种颜色的标语，即使上百英尺外都能看清上面的字，“投给约翰，为更多工作岗位投票”，或者“我们希望布朗进议会”，“史密斯才是工人阶级最好的朋友”。有时，办公室的广告还会写着投票目的，有为了“便宜面包、黄油和蔗糖”投票。要是陌生人，看到这样的标语，还以为是杂货铺在大甩卖呢。

与办公总部不同的是，地方办公室通常比较清静。例行任务就是接收总部指令，然后执行。办事员每晚都会向总部呈交当地每日工作报告，汇报工作进展。直到投票那天，所有分部办公室又成了最忙、最嘈杂的地方。下一章，我们会具体描述这些办公室的情形。

# 第七章　演讲和宣传

虽说在竞选中使用演讲和宣传并不是现代理念,但是采用的演讲和宣传模式却一直推陈出新,适应形势变化。

在现代竞选中,公开演讲和公众集会都在系统、科学的组织下进行。通常在竞选组织中会有专门部门负责。多数时候,这个部门又分成许多分部,如室内会议、室外集会、妇女会议等。竞选计划需细心筹备,包括集会覆盖的选区、租借会议办公室、制定时间表、邀请主持人、聘请演讲人等。目前公民们都意识到,政党通常会在一个民众集会上公布正式候选人,在本选区进行竞选。这实际上打响了战争第一枪。一旦开火,各政党下的队伍就开始行动。接下来几周,直到投票开始的最后一刻,选区到处都充斥着演说和游说。如果是递补选举,各政党可以集中力量进行对战或三角战,选区的情况会更加糟糕。这种情况下,选区“简直就是被各色议会成员、其他地区的准候选人、临近或远处协会的秘书和代理人、专业演讲家、女政治家及各色各样的业余者入侵”。[1]

在这些事务中,最重要的就是晚间会议。每个晚上,选区中的不同区域都会同时举行晚间会议,要么在营房,要么在学校。如果当地不适合每晚都举行会议,就采用轮流制,“第一次参观”,然后是“第二轮召集”。随着投票日的临近,所有政党都会在各选区安排最后集会,让候选人向选民们发表“最后的演讲”。在这些集会中,很少有杰出的演说家,因为所有的“大腕儿”都要留到重要集会场合演讲。但是,每场会议候选人都是应该出席的,他的观点是否被听到无关紧要,但他要露脸,让大家记住他的样子。为此,党内会准备一辆汽车载着候选人到处转,这样候选人就可以在某个选区会议中第一个讲话,再到另一个选区会议中做第二个讲话,以此类推。

总体来说,这些会议的前半场参加者多,越往后观众越少,到第四个或第五个演讲人时,现场就剩十几个观众也是很常见的,这其中还有一些是陪父母来玩的小孩。观众逐渐减少不仅

---

〔1〕 M. Ostrogorski, Demooracy and the Organization of Parties, Vol. Ⅰ, p. 464.

仅是因为选民缺乏政治热情,还需要注意的是,不同党派的晚间集会是在同一时间同一地区举行。因为每个选区的选民数是有限的,尽管大部分选民每晚都参加集会,但不会是每个集会都“爆满”。同时,随着竞选的进行,这些会议都是不停地重复,千篇一律的开场与谢幕,一成不变的会议主持和流程,同一个熟悉的候选人面带着同样的笑容、发表着老生常谈的演讲。即使是去看杰出的音乐剧,如果每晚都要去,也是会厌烦的。

室外集会和室内集会演讲一样丰富。如果天气好,在公园、广场、十字路口、谷仓前的空场地、教堂一角,都能看到竞选的户外集会。这些集会都是非正式的,所以组织得很简单。两三个演讲人,开着挂满标语、横幅及党派色彩的卡车或汽车,到达目的地后,其中一个演讲人,通常是个大嗓门的男士,站在车上,向行人大喊。从技术上来说,他实际上是在为集会“暖场”,也就是“吸引观众”。当观众聚集到一定规模,就由另一演讲人当众演讲。这位演讲人可能是党内演讲小组成员,也可能是大嗓门的议员。

吸引观众的方式有时别出心裁。有一次,笔者跟两个演讲人一起参加户外集会。当我们赶到目的地时,发现对方党派正在这个地方集会,而且非常成功。尽管如此,我们径自停了车,开始我们的集会。最初 10 分钟，我们的集会安静平和，但只有几个观众。看起来我们好像不得不认输，需要换个地方。突然，司机对笔者说，他要去“拉观众”来参加集会。他站在车前，混进这少数观众里，装作听演讲，时不时地问演讲人一两个问题，然后跟其辩论。辩论正激烈时，他指着演讲人，对着台上大喊：“你这个骗子”。演讲人马上领会了他的用意，非常生气地回答说：“骗子？托利党才都是骗子。”他们两人用尽各种称呼，恶语相向，对骂了一阵，最后，他们大打出手。

他们的斗殴引起了那边集会观众的注意，一时间，他们都舍弃了听托利党的演讲，跑来这边看斗殴。当吸引过来的观众达到一定规模时，其中一个斗殴者就溜出人群跑掉了。演讲人就重新回到台上继续演讲。他接下来没有讲政治理念，而是先讲了一两个奇闻轶事来取悦观众。当观众安静下来后，他开始滔滔不绝地品评政治，发表的观点与对面党派处处相左，总结发言时，还攻击在街对面集会的政党候选人。最后，演讲人劝说观众为他们投票，并且为自己党派欢呼三声。同时，笔者回头看街对面的集会，观众被司机的战略都吸引过来，那边只剩很少的观众了。类似的例子还有很多。总之一句话，这样的户外集会在竞选中非常多。各政党，在经验丰富的地方组织者和竞选专家的指导下,成功组织“最有激情的户外集会”,并在其他地方玩这种把戏。

如果竞争的各政党间没有太多敌对情绪,竞选没有成为相互厮杀,就会避免不愉快和不必要的冲突。在这种情况下,各政党交替进行户外集会,事务不会那么有趣和激动人心。户外观众还是更喜欢看两政党相遇的场面,尤其是当候选人相互攻击的时候。有一例关于最近一次递补选举中两候选人私下相遇的报道很能说明问题。当时的场景是这样:〔2〕

P 先生正在某工厂外向工人们演讲。他的对手 M 先生恰好开车过来,在 10 米外停下,观察了十几分钟后,M 先生让司机把车开到保守党讲台的另一侧。他说,“这样风能把我们的声音刮过去,吸引人们出来”。

M 先生一到地方,就朝着对手大喊。霎那间,街上一片躁动。

在躁动的间歇,M 先生说:“你在羞辱我。”

P 先生反驳道:“人可不会羞辱蠕虫。”

---

〔2〕 Daily Mail, Dec. 18, 1927.

M 先生的司机冲进对方场地，非常愤怒地抨击 P 先生，司机面对保守党候选人的外甥——几乎面贴面的相对，双方大声对骂，贬低对方。

最后，打了起来，M 先生放弃了战斗，回到汽车上去了。

“看到了吧”，P 先生大喊着说，“他已经没有足够的肺活量来攻击人了”。

M 先生从车里出来，径直走到对手的台上，他要踩 P 先生的竞选板。P 先生说：“你不能这么做，不要靠近别人的财产。”

M 先生回到自己的车上，又吵闹了一阵，大概持续了 20 分钟，最后一位汽车司机出面终止了吵闹。

现在我们把注意力从这些小规模冲突转到大规模集会上来，组织这些集会是为了证明候选人“在本选区具有压倒性支持者”。这些集会可能发生在竞选中，也可能发生在竞选进入尾声时，也可能发生在市民集会所、大剧院或者公园等。选地方时需要技术权衡。一个从事选举活动的人写道：“从策略上看，一定不能冒险选大厅，结果只坐了一半的人。这种情况会打击演讲人的信心，发挥不出最高水平。同样也会让观众失望。即使一个小会场，如果人满了，也会让人觉得，如果能进来，肯定还会有更多的人参加，而那些已经进来的就会觉得是一种特权。"[3]

这些集会的主要目的就是制造出一种"激情"氛围。举办集会的基本原则是越吸引人越好。因此，所有的"大腕儿"都要出席这样的场合。竞选一开始就打出广告。这样大集会的传单都是挨家挨户发的。海报上印的候选人名字比政党领袖或首相的名字都显眼。同时，这样的集会需要入场券才能进入，一方面可以营造出厅太小容纳不了那么多人的氛围，另一方面至少能确保持票观众出席。当然也没必要指出，后者只是接近真相。分发入场券的时候，通常都把热情的支持者安排在最前排。因此，当对手党派的人想来闹事时，只能挤在最后面的角落里，或者直接就被关在门外了。会议过程中，一切都平和有序，只有被候选人激起的雷鸣般的掌声和赞扬声。

这种集会的讲台上，通常挤满了当地甚至全国的名人，有些看起来十分高贵，有些放荡不羁。他们所有人都配有绸带或花环。讲台上挂着各式各样的横幅、旗帜、动漫图画和海报。发言席后面坐着主席、演讲人和候选人，都非常沉着自信。现场的设

[3] H. J. Houston, Modern Electioneering, Ch.Ⅷ, p. 94.

置、到场的人们及整个场内的气氛，都能让人产生奇怪的心理效应，为集会的成功创造了条件。

观众们进场的时候，播放的是熟悉的曲子，但是为这种场合新填的词。大多数情况下，选的曲子是流行歌曲，如“放下烦恼”“马儿，翘起你的尾巴”“乔尼回家的时候”等。歌词要么是“史密斯进议会”，要么是“约翰会当选”。下面引用两首歌，一首是来自工党的曲目，一首是保守党的曲目，都是在最近的递补选举中放过的：

（一）工党的曲目

“约翰进议会，欧耶，欧耶！”

“约翰进议会，欧耶，欧耶！”

“生活贫穷，面包昂贵。”

“我们只有投给工党。”

“当工党胜利时，我们会齐声歌唱。”

（二）保守党曲目

“来吧，醒来吧，青年们，为了事业从沉睡中醒来吧！”

“为国家，为家园，为法律，站出来。”

“自由、和平、荣誉、权利，是我们的信条。”

“我们是英国的子民,我们为英国而战。”

这样的音乐曲目是很有必要的。诚如许多经验丰富的组织者所说,因为音乐有陶冶情操的作用,如果利用得当,可以激发观众,激昂情绪,让敏感、情绪化的选民在不知不觉中加入自己的阵营。初步工作完成后,集会正式开始。会议第一部分由次一级的演讲人讲话。次一级是指政治地位而言。他们的职责是为会议“热身”,为“大腕儿”的演讲打基础。用一个专业术语来说,他们是“开幕致辞”。当现场气氛被调动起来时,主讲者才会上台。主讲人至少是著名议员,大多时候是来自伦敦的政党领袖。在这种心理铺垫下,他的出现自然会受到已经“暖场”的观众热烈欢迎。所有观众立即起立,事先安排好的人会带领所有观众合唱“他是一个快乐的人”。歌声直到主持人已经无力维持秩序的时候才停下。这时,“大腕儿”开始演讲,大约持续半个小时。他的作用就是加强观众已经被带起来的情绪,激起观众对胜利的渴望。他的演讲会时不时被观众热烈的掌声打断。演讲者的每一个手势都会得到观众回应。有人点头,有人鼓掌,有人跺脚,有人捶打座位。最常见的是大喊“听！听!”,这是沉迷于精彩演讲时,最典型的英国回应方式。

集会或许已经激动人心了，但到目前为止，都只是介绍更重要人物的前奏。正常活动都是为了这个人。如果候选人不出现，整个活动也就没有意义了。最后，但并非最不重要的是候选人何时上场。他可能是会议一开始就坐在台上，也有可能是为了营造更好的心理效应，先藏在后台，到合适时候，他会在观众们的欢呼声中出现。他的名字，大多数时候是他简化的教名，在会场的每个角落里不断回荡。就像是进球时欢呼橄榄球球星的名字一样。整个会场响彻欢呼声，除了激烈的呼喊，什么也听不到。传单、帽子、手帕、所有的纸张，都被疯狂的观众扔在空中，观众都沐浴在灯光和小物件之中。以更高昂的热情一遍又一遍地唱着"他是一个快乐的人"。这股疯狂的热情至少要持续 5 ~ 10 分钟。事实上，这才是真正意义上的集会。

整个期间，候选人一直站在台上，沉着并面带微笑。他在等待机会，发表精心准备的演讲。观众的欢呼声一停，候选人就开始他精彩的杰作。他会再三强调，他做的事业就是国家的事业。他向观众们保证，他不是为了个人荣誉而战，而是为了党派原则而战，并宣誓支持政党领袖，拥护党的纲领。根据他的说辞，当选后，立即会对选区带来直接的福利，也会普遍提升国家福利。他没有丝毫的怀疑，始终坚信地发表演讲，相信他选择的事业是正确的,并且终会成功。他想要的并不只是多数人的支持,而是绝大多数人坚定不移地支持。然后,他会用真挚的呼吁结束简短的演讲,以每个竞选演讲中都能听到的同样雄辩的言辞结束。

在这里,还要提一点。如果候选人的妻子是一位能拿得出手的演讲者,肯定不会错过这个机会,要和在场的妇女们进行一次贴心的交流。有时,在这种场合,妻子的出席会比候选人出席讲话更能促进集会的成功。最近一次递补选举,从各个方面来说都是最重要的竞选之一,在这次集会上,许多人认为,候选人妻子是成功的重要因素,并得以广泛宣传。下面列举其中一例,看看妻子如何帮助候选人当选。[4]

今晚,M 先生的妻子 C 夫人,是维多利亚公园 15,000 多人中最显眼的人。她坐在前排亮光处,穿着皮草大衣,容光焕发。

当候选人演讲的时候,一个女人递给候选人妻子一个包在襁褓中,大约 6 个月大的婴儿,C 夫人抱着孩子坐下,似乎在柔声哄孩子睡觉,但是聚集的观众还是听到了孩子的哭声。过了 10 分钟,C 夫人把孩子还给了他的母亲。

---

〔4〕 London Daily News, December 18, 1927.

这一幕,笔者和现场的记者都看到了。这绝不会是偶然的举动。这是事先安排用来吸引观众注意力,也是竞选宣传的一部分。下面我们还会说到女人和孩子在现代选举中的重要作用。

从1918年开始,在现代选举中,捕获妇女的选票成了竞选中必须要考虑的重要元素。为了实现这一目的,各政党会组织一些专门的妇女集会,以补充其他选举集会。由于大多数母亲和妻子在中午和晚上需要承担照顾家庭的责任,妇女集会一般都是在下午2:30~4:30举行。为了让这类组织看起来像妇女们自愿、独立组织,通常都由女性领袖主持和演讲。但从心理学角度看,少数男性出席妇女集会跟女性出席男性集会一样有必要。休斯顿说,"女人更愿意听女人演讲,这一猜想是错误的。事实上是,相比于女人,人们对暖男更感兴趣。他们可以了解女人的生活,可以感同身受地从女人们的家庭出发与其谈心"。[5]此外,在这种集会中,最能吸引注意力,虏获芳心的是"长相俊美,穿着得体"的男人,尤其是如果将来通过了"妇女投票权"

〔5〕 H. J. Houston, Modern Electioneering Practice, p. 92.

法,就更是如此。

为了赢得妇女选民,专注于家庭的语言代替了夸张的言辞。女人更易接受溢美之词,这是至理名言,至于解决之道也值得探究。类似“女人掌握着平衡选举的权利”“女人净化了国家政治”“妻子决定着丈夫的投票”等说辞非常有效,并被广泛接受。精心准备的肤浅演讲反而被贬损为不成熟。各政党在这种场合需要考虑的重要问题有:(1)儿童教育问题;(2)妇女退休金问题;(3)英镑的购买力。其中,特别需要强调的是第一条。每个候选人都宣称他们参选是为了“拯救儿童”,每个候选人都很有信心,觉得选区的每个妇女都会支持他们崇高的事业。

在这样的集会中,候选人妻子是很重要的人物。如果她个性能干、口才好,通常更有影响力。当然,候选人也必须出席,不过他的角色次于妻子。候选人协助妻子召开会议,在会议中扮演次要角色,给公众留下他谦让女士的绅士形象。最近一次递补选举的妇女集会上,一名候选人在演讲引言部分的说辞非常机智,堪称现代竞选文学上的典型:[6]

---

〔6〕 Smethwick Weekly, December 19, 1927.

我这一生中从来没有面对过如此多的女士。有这么多朋友站在我妻子那边，这很不公平。他们要求我 15 分钟内结束演讲，因为这不是让我讲话的地方。不过，无论如何，我都是第一个讲话，女士们后讲，尽管她们的演讲事实上不会有新意……

另外，如果妻子是个守旧的人，不但没有经验，还羞于在公众面前露面，这在现代选举中不利于候选人。笔者见到过许多这种尴尬的场面，妻子本来是要助选的，最后没有完成她的任务，痛苦地以失败收场。那是一个妇女集会，安排候选人妻子在集会结束时，发表一个简短演讲。当其他事项都已结束，轮到她上场时，这位妻子站起来，面红战栗。她站在台前，不知如何开口，一直沉默着。她面向观众，看看主席、再看看她的丈夫。她喃喃私语，没有人能听清她说的是什么。这时，主席敦促她继续说，她还是沉默着。她在台上待的时间越长，她就越觉得尴尬。她完全因为怯场被吓住了。最后她说，“我跟我的丈夫说我不能演讲，但他希望我演讲。我不能，我也不想”。然后，她就坐下，集会结束了。这当然是很少见的事件，但也说明了现代选举是多么的戏剧性。

关于集会组织就说到这里。集会的成功就意味着该政党占有了优势，另一方就会处在劣势。因此，对手自然都想破坏或捣乱。他们都有历史悠久的捣乱计策。

在每个竞选集会中，总会有那么几个属于不同政党组织的人，他们来不是为了听讲，而是要嘲弄演讲者。这些人和演讲者一样都是训练有素的专家，只是在不同部门受训而已。这两类人相遇总能让竞选变得更加幽默、生动。有时候，一个好的捣乱分子可以成功诱骗、迷惑演讲人，使演讲人在公众面前成为一个傻瓜。另外，如果演讲人应答机智、巧妙，公众也会赞许，并给予应有的信任。据某要塞侯爵利兹公爵说，有一位年轻人在竞争伦敦席位，投票前夜，他在集会上演讲时，被一个捣乱分子打断："你妈知道你出局了吗？"演讲者回答道："是的，先生，她知道，但她知道我明天就当选了。"

类似的小插曲非常常见。只是现在的捣乱分子机智者少，而暴力粗鲁者多。现代捣乱分子种类多样，比起让演讲人尴尬，他们的主要目的更多是让演讲人停止演讲。笔者见过许多捣乱分子和演讲人巧辩的场面，但大多都是愚人对无趣的人。他们还是采用你问我答的老手段。他们之间的麻烦要么是一方太傻，要么是另一方太蠢。大多数争论气势十足，但都没有幽默感，大多数是在浪费时间。

还有其他更糟的扰乱集会的办法。有一次,集会正在进行,对手政党的两位女士,浓妆艳抹,衣着时尚,手里拿着海报和传单,突然就进入会场。起初,他们低声私语,接着开始唱歌,再后来又跳起了舞。有人要求她们离开会场,她们以有权利参加公开、自由的政治集会为由拒不离开。她们吸引了全场观众的注意,一下子把用来集会的学校教室变成了杂耍剧院。演讲人没有办法,只好放弃演讲。

有时,对手会派组织有序的队伍进入会场。他们欢呼、大喊、咆哮、唱歌,做出各种各样的噪音,现场集会立刻变得嘈杂。如果这样做失败了,最后的办法就是暴力。下面是在一次递补选举中被粗暴场面伤到的一位女士的说法:[7]

我是作为预备演讲人参加会议的,坐在前排。起初,集会很安静,接着来了一帮年轻人,在 16 ~ 20 岁,从大厅后门闯了进来,引起一阵慌乱。我和候选人及其妻子正要离开会场,快到门口的时候,与他们分开了。我被人从后面推了一下,要不是前面的人,我就摔倒了。接着一个年轻人打了我,打在了心脏下面的

〔7〕 Daily Mail, Dec. 19, 1927.

位置,我昏了过去。我曾参加过多次选举,知道粗暴行为是怎样的,但这是我第一次遭受身体暴力。

但是,实事求是地说,这类性质的暴力行为毕竟是少数。我们经常在报纸上看到这类事件,但通常都有夸张或不实之处,目的是搞臭对手候选人的名声。比起半个世纪之前,竞选演说坛还没有废除的时候,那时发生的暴力和现代选举中的骚乱,人们就会惊讶于这方面的进步。

目前为止,我们已经讲了组织集会和干扰集会。这里有几个小问题:这些集会真的对获得选票有用吗?真的值得搞这些集会吗?

从竞选文献来看,这对选民的启蒙作用并不大。正如我们已经指出的,大多数材料都是含糊、抽象的。各政党党纲名义上都根据一些原则制定。并且,不同政党依据的原则和制定的党纲应该有所不同。但通过参加竞选集会,人们就会发现,所有政党的原则和党纲要么一样,要么就是没有。他们的相似之处都是真实的,不同之处却是表面的。每个政党都做出许多美好的承诺,说自己是优秀的,实际上他们都一样。基本上,竞选就是对这些表面上的不同之处进行攻击与防守。在这一点上,各政党的策略都是一样的，彼此敲诈，彼此诬陷。

因此，在最近的一次竞选中，一位社会主义演说家告诉观众，“远离社会主义就意味着远离基础教育；远离法律和秩序；远离所有警察。因此，你就必须要随身携带一支枪。所有的特权都完全是社会主义的特权”。因此，这位社会主义演说家敦促他的选民为社会主义投票。另外，在同一场竞选中，一位联合主义演说家这样解释社会主义，“关于社会主义信条的解释有很多，比如，一位著名的支持者是这样表述的，‘撕毁十诫’，其他则意味着废掉上帝、责任、家庭和祖国”。然后，这个演说家继续说道，社会主义领袖的利益与其成员的利益是成反比的。如果国家繁荣，就不需要社会主义；如果国家不好，社会主义就会变得繁荣。因此，社会主义领袖的事业是维持国家不繁荣，保证自己的繁荣。他最后还告诫选民们，投社会主义者的票就是投给那些“维持国家不繁荣”的人。

这就是各政党如何相互攻击其他政党原则。当谈到选民们的共同愿望时，各政党都宣称自己才是正确的支持者，都给出同样美好的承诺。比如，在工会制度问题上，保守党宣称他们使工会制度合法化；自由党说他们给予工会实权；工党则宣称他们本身就是真正的工会，真正是工会运动的嫡系继承者。当张贴海报或公告时,一个候选人把自己描述成“为工人而战的工人”,另一个则是“一名真正的工人”,第三个就是“真正的工会会员”。

这些就是所谓的政党原则和纲领,选民们从中做出选择。

这些集会对选举成功有何作用?换句话说,这些集会到底能对选民的思想影响有多深?总有些选民根本就不受这些集会的影响。总有这样或那样的理由,导致有些人不能参加这些集会,还有些人,因为没有时间,不能参加。这些人中,有些人可能根本就不关心投票这回事。如果真去投票,他们要么是很早就根据偏见做出决定了,要么就是没有细想直接在投票现场做出的。事实上,不参加集会的选民人数比参加集会的选民要多。

在参加集会的人中,我们又发现,这些选民“一旦选定了某个政党,就会一直投给这个政党”,这是一种非常强烈的感情。工会成员认为,支持保守党集会是他的责任;其他政党的追随者也会支持他们的政党。很少选民会跨界,公正地听听对方的观点。因此,演讲和集会很少能让选民转变思想。当集会“爆满”,看起来好像群情激昂,其实,都是假象。当我们对参加者进行具体分析时,发现每次集会参加的都是熟悉的面孔。欧斯托格斯基说,“竞选集会这种投票前的活动,无疑会让人们进入一种极度兴奋的状态,但是,激起的这种情绪类似一种体育精神。这不是因为公共利益受到损害,危及大多数人,而产生的一种觉悟,而是一种专注在跑道上的忧虑”。[8] 由于这些集会很少激发严肃的思考,因此也不可能产生皈依者。所以,它们对投票结果的影响很有限。

在竞选中,各政党除了这种口头投资之外,还有竞选出版物。这两项工作同时进行,互为补充。就像集会一样,出版物不仅是重要的竞选方式,还是日常的政党活动。各政党必须不间断地进行书刊和演讲宣传,直到选举正式开始的那一刻,开始加快宣传速度,投入大规模的“政治广告”。

在竞选刊物中,最重要的部分就是“竞选演说”。大多数情况下,都是以折页的形式印刷出版,封面上是候选人的肖像。在《现代竞选实践》一书中,休斯顿和瓦尔达(Valdar)建议说,“不管候选人是名人还是选民完全不知道的陌生人,肖像对竞选的作用都是至关重要的”。[9] 根据这些作家的说法,“应当在候选人的肖像上多下功夫,让其肖像发挥最大作用。如果部门里没

---

〔8〕 M. Ostrogorski, Democracy and the Organization of Parties, Vol. Ⅱ, Ch. Ⅳ, p. 466.

〔9〕 H. J. Houston, Modern Electioneering Practice, p. 108.

有可靠的平版印刷工或凹版印刷工,就把肖像送到伦敦去印刷,不能让差劲的印刷技术毁了候选人的肖像。更不用说,他还要抓住赢取女选民的机会”。[10] 这一建议一直被认真遵守着。笔者浏览过一些竞选演说,对比一下各候选人的宣传肖像,不止一次强烈感受到,宣传肖像不仅质量好,而且一点都不失真。封面排版精巧,上下方都留有一定的空隙,用来印字。封面上方印着醒目的“投票支持”字样,最下方是候选人隶属的党派名称。

起草演说稿也要用心。其观点必须符合政党要求,又能满足选民意愿。在这方面最适用的座右铭一直都是:“不要自我承诺,不要激起反抗。”演说词通常比较简短,主要是口号类辞藻,熟悉的语言和政治标语,还有最夺人眼球的标题。对比研究同场竞选中各候选人的演说稿,可以发现有趣的事。最近一次递补选举中,3 位候选人发布了 3 份演讲稿。在“工业政策”这一标题下,有个政党支持“工业和平”,另一政党支持“各阶级的友善”,第三方支持“雇主和雇员之间不再有战争”。关于工会,保守党说,“我们要把工人组织从政治机构中解放出来”;自由党说,“我们坚决支持工会主义的基本原则”;工党则是“不干涉

〔10〕 H. J. Houston, Modern Electioneering Practice, p. 109.

工会”。在另一事例中，保守党和自由党的候选人都强调了教育问题。一方说，“我不支持缩减教育经费，这是社会保险和提高国家效力的形式”。另一方印的是，“我会在各方面支持提高教育成效，从小学至大学的教育之路应当简化，以适应所有学生”。

一位作家对这种情况做了很好的总结，“不管人们多么渴望提出一个主题，都不可能有效触及任何主题。除了规定的解决方案，不管人们多么希望能针对某个问题提出解决办法，都不可能真正讨论解决办法。除了在两个恶魔中取舍，人们没有选择”。[11]

演说稿一旦发出，下一任务就是准备“第二轮发稿”和“第三轮发稿”。第二轮发稿在技术上被称作“最后发言”，通过第二轮发稿，候选人将“投票卡”发给选民。自 1918 年法案以来，所有候选人有一次免费邮寄的权利，[12] 这一特权大多用在第二轮发稿。“最后发言”可能采取下列两种形式：一种是重复第一次演讲中已经提过的内容，换了一个新题目，如“牢记问题”“约翰的立场”等；另一种是针对对方的批评，进行否认或辩护，题

---

〔11〕 J. H. P. Belloc, The Party System, p. 134.

〔12〕 7-8 G. V., c. 64, s. 33.

目可能是“当心选举骗子”“警告”等。不管是哪种形式，相比第一轮演说稿，第二轮的言语就不那么庄严了。其中，有各种形式的说明、争论、攻击、辱骂、诋毁、中伤的言语，以引起激愤、偏见、无视以及各种能激发人性弱点的词语或句子。

和“最后发言”一起发出的还有“投票卡”，目的是指导选民投票，实际上是误导选民的欺骗手段。投票卡最上方是选民名字和登记号，还印着该选民进行投票的投票站名称，然后是选票样本，右边是所有候选人名字，左边留出填写空间。选票样本上，寄出这张“投票卡”的候选人名字至少是其竞争对手的 5 倍大，该名字左边还打着大大的叉，以示范正确的投票格式。担心选民还不能领悟上述暗示，他们还额外印着类似“投给某党候选人 × × 先生，在其名字后面打叉”的说明。“投票卡”的底部还有评论，“投票时，请将此卡交给投票站门口 × × 先生的工作人员，或者送到他的选举办公室。”

第二轮发稿先说到这里。第三轮发稿被称为紧急通告，可能发，也可能不发。这是为选举日迫在眉睫时的突发状况准备的，是当某种紧急情况发生时，候选人不得不向选民发出的通告。由于诽谤和伪造仍是竞选的权宜之计，第三轮发稿作为最后一击或最后一辩意义重大。如果没有突发状况，为第三轮发稿准备的信封可能会用于其他用途,比如,发给并号召能决定投票结果的有影响力选民,或者发给妇女选民,讨论一些家庭问题。也可能是候选人妻子号召选民支持她丈夫的信。最近一次递补选举中,因为选举日临近圣诞节,第三轮发稿就被用来表达候选人妻子对选民的圣诞问候。卡片上印着这样的话:

我们最重要的人是我们的孩子。我希望每一位母亲的孩子都有机会过上有尊严的生活。如果你把票投给我的丈夫,他会为此而努力。

接着,印上“祝您全家圣诞快乐”的字样。卡片背面是候选人一家的照片,两个孩子站在爸爸妈妈中间。

如果第三轮发稿的目的是“欺诈”,有时候会非常管用。面对最后一刻的谎言,没有准备好为自己辩护的一方有可能就遭受意想不到的失败。韦伯斯特(Webster)先生在他的书中记载了这样的实例,为此提供了很具体的例证。[13]

---

〔13〕 R. G. Webster, Elections, Electors, and Elected, pp. 84 – 85.

如果不是几个月后,在竞选结束的时,发生在我身上的天大诡计,我可能已经赢得了本选区此次选举。事情是这样的。在当地重要居民(我的支持者)的陪同下,我访问了当地一个非常有影响力的选民,他在此期间承诺支持我,因此,竞选委员会和我本人都公开宣布了这一事实。选举卡发出后,在选举结束时,我的政治对手在选举前一天发出投票卡,并声明说那位选民并没有支持我(无论是不是误会,这都是不可能的),还说我方发出的声明是不实的,尽管这位被质疑的选民通过报社发出声明,表示他是我的支持者,尽可能来挽救局面……但是已经太晚了,澄清的声明已不能及时让广大选民都看到,而对手的声明已经众所周知了。

上面引用的这一事件并不代表这种选举手段很常见,但证明了第三轮发稿偶尔具有的重要性。

在同一条战线上的另一项工作是用传单和小册子竞选。休斯顿先生说,[14]“我认为,这真正是竞选中最重要的一步。如果分发效率高,它覆盖到的选民比任何竞选形式都要广泛,它比个

〔14〕 H. J. Houstin, Modern Electioneering Practice, pp. 114 - 115.

人拉票还要有用,尤其是鉴于现代选区和选民的规模,个人拉票已经不现实了”。所以,出版刊物最重要的不是质量,而是数量。有钱又有时间的候选人每天都更新印刷册子。每一版的格式、主题都不尽相同。有时他们会使用不同颜色的纸张,有时采用不同颜色的字体。如果有艺术家在旁,版面上还会画些漫画,改变一下读者的审美。关于主题,这里就无须重复了。不过,经验丰富的代理人会一直“老调重弹”。“商业利用重复印刷的催眠能力来介绍新品牌,头脑灵活的商人都认为这样非常有效,并不惜花大价钱出版文章引导大众喜好。这种让大众乖乖掏钱的能力同样被各政党用来让选民投支持票。”只需要注意这些出版的刊物语言要通俗,论证要有连贯性,而不用管论证建立在正确的还是错误的论点上。

与上述“武器”合作的是政党出版社。无论是在普选还是递补选举中,其都起到了非常重要的作用。这些政党出版社不算在竞选刊物中,所以,它们有权利想说什么就说什么。选举新闻中的错误报道、夸大报道和不实报道也不是没有。它们把竞选中的“黑马”宣扬成“国家英雄”,用不公正的言语攻击对方候选人。为了加固国民日报和周报的效果,各政党还组织小规模地方报刊。当竞选开始时,由地方报刊发表特刊,因此成为竞选之战中最重要的武器之一。

除了政党报刊和传单,还有其他重要武器,是形成选举刊物三足鼎立局面的最后防线,它就是宣传海报。“海报宣传形式多样,主题直击竞选精髓,精练总结拉票活动,宣传最全面的思想。”[15]当人们参观正在普选或递补选举的选区时,大概会惊讶于镇上或村庄华丽的装饰:斑斓的广告牌、多彩的书写、新奇的漫画。这里再强调一下,商业广告中现代艺术的运用在政治宣传中也完全被广泛应用。人们可以看到,与“黄金叶”和“军人俱乐部”香烟海报并排的就是各政党候选人姿态优雅的肖像。然后,穿过街道或高速公路,就能看到大型广告牌,写着庄严的标语:“把票投给约翰,投给更多的工作机会”或“投给斯密斯,投给高薪”。竞选中运用先进的电影图片艺术也已经不是新鲜事了。笔者真的见过演讲人利用幻灯片做演讲。1927 年递补选举中,在斯梅西克的街道上见到用五颜六色的通电灯做广告。

竞选刊物的花费比其他任何阶段都要多,也需要更多时间、更大工作量。但对选民有什么实际益处呢?事实上,正如 1872

---

[15] Ostrogorski, op. cit., p. 467.

年法案辩论中，哈代(Hardy)先生所说，“如果竞选用的报纸、海报和画笔保留一半，另一半扔进大海或者烧了，无论是对候选人还是选民，都更有利”。[16]

---

〔16〕 Parliamentary Debate, Vol. 382, p. 1702.

# 第八章　拉票活动和交通工具

和竞选集会、竞选刊物一样，拉票活动也有很悠久的历史。在安妮女王统治时期，沃顿（Wharton）勋爵被称作“天生具有拉票能力”。1705年普选中，托利党和辉格党在某选区战得如火如荼，难分胜负，两个政党在竞选中的花费也都旗鼓相当，沃顿勋爵最终用他的“拉票能力”将胜利拉向了辉格党。事件描述如下：

当勋爵为了给辉格党拉票在镇上到处奔走时，他经过了一家修鞋铺。勋爵进去之后问“迪克去哪里了？”善良的女士告诉他，她丈夫迪克带了几双鞋子出去了，大约去了两三英里外的地方，爵爷不用担心他，她会看紧他的。勋爵说：“我知道，我只是想见见他，和他喝一杯。”妻子表示非常抱歉，他出去了。勋爵说："那好吧，孩子们怎么样？我保证莫莉现在肯定是个勇敢的女孩。"妇人回复说："是的，谢谢，爵爷。"勋爵继续说："珍妮也不小了吧？"[1]

据说，一名托利党党员看到了这一幕，他立刻觉得对手会赢得竞选。这种虚伪的亲昵问候让沃顿勋爵在 18 世纪早期打败了托利党，但是 80 年后，这样的问候就不合时宜了。这一次，德文郡的公爵夫人在国家选举史上取得了同样伟大且更加惊人的成绩。1784 年当托利党和辉格党都在威斯敏斯特竞选拉票中筋疲力尽之际，结果还是难分伯仲。公爵夫人站出来公开指导辉格党竞选。公爵夫人凭借美丽的外表、个人魅力和女性的温柔，赢得了竞选，成功将辉格党候选人送进议会。她在威斯敏特斯拉票的著名事迹被一位见证者写进了拉克索尔（Wraxall）的《后幽默回忆录》里：

……拉票活动的发展从此以后开始变得有趣。威斯敏斯特的全部选民都已经筋疲力尽，唯一的希望是在郊区。公爵夫人

[1] J. Grego, History of Parliamentary Election (London 1892), Ch.Ⅲ, p. 70.

立即下令备马车,和她的妹妹邓坎农公爵夫人,带着选民名单,赶往选民家中。请求、奚落、客套、感化,对粗野的选民,她们各种办法都用了,时尚、身份高贵的两位女士,其请求让大众感到新奇……对手想通过同样的方法,让索尔兹伯里夫人去唤醒政府候选人,却失败了。因为这是模仿,而且也已经太迟了,并且公爵夫人26岁,索尔兹伯里夫人已经34岁了。[2]

这还不是故事的全部。公爵夫人通过献吻得到"冥顽不化的屠夫"的投票,这是确凿的事实。据历史记载,对她最著名的称赞出自一个爱尔兰技工之口:"我可以在你面前点烟斗吸烟。"[3]

现代的拉票活动已经大大改善了,变得更加复杂、影响更加广泛。首先,由于过去半个世纪选举权不断扩张,拉票活动已经超出了一两个人的能力。拉票活动必须在科学组织的前提下进行。妇女解放在选民心理上又植入了新的因素,这是新的拉票策略需要解决的问题。

和竞选集会、出版刊物一样,在现代选举组织中,拉票活动

[2] J. Grego, History of Parliamentary Election, p. 272.
[3] Ibid.

由专门部门负责。鉴于该部门承担着繁重的工作量和巨大责任，选择拉票部门领导是个难差。事实上，该部门领导必须能更好地利用志愿者，这也使这份差事更加难办。同时，此人还要了解选区地形和居民情况。“通常担任这项工作的人是地方政党组织的登记代理人，或政党总部派出的专家。如果这两类人都无法担任，通常找当地保险代理人来担任这一职位。”鉴于“划分区域闹不愉快时常发生，受伤的心理还需要安抚，与之沟通的人最好是长相俊美，口齿伶俐”。一位作家指出，后面提到的长相和口齿伶俐的要求尤为重要，“因为志愿者中大多数都是女人”。[4]

法律没有限制竞选组织中这类人员的数量。遵循的策略是“越多越好”。如果候选人有组织良好的地方政党支持，拉票问题就解决了一半，因为组织良好的地方政党都有最新的拉票档案，其中包含拉票工作人员和工作计划等信息。拉票部门只需根据档案提供的信息安排和组织就可以了。从政党转换到选举组织手中，只是回避法律的手续而已。如果候选人缺乏支持，就得采取特别手段。可通过广告或传单招募志愿者。如果拉票部

---

〔4〕 Houston, op. cit., p. 129.

门都组织不起来,竞选必败。

工作的第一步,是根据投票区域把选民分组,然后将分组名单分派到合适的分办公室。分办公室负责人再把投票区域按街道、村庄或其他方便计算的单元进行划分。负责某个单元的人再立即逐个进行上门拉票。

目前,记录拉票活动的方法有两种:一种是用拉票本,另一种是拉票卡。第一种方法是取出分配的登记名单,按照选民门牌号顺序排列选民姓名,将选民名字写在本子左侧,右边留着用来标注拉票结果。第二种方法是使用特制的拉票卡。这些卡片都是精心设计的,每张都留有空隙,用来填写名字、地址、选民登记号等,还有空间依据情况标注“同意”“反对”“犹豫”“死亡”“搬走”等,还有空间给拉票人填写特别备注。这些卡片被串成小册子,分发给不同的拉票人。

拉票人每晚将拉票本或者卡片交还各分区办公室。办事员收到上交的本子或卡片后,应立即统计当天拉票结果。词目是一样的,如“同意”“反对”“犹豫”等。办事员在特别印制的单子上记录每一位选民的情况。有时,他可能把这些结果记在保留的登记册上,用不同颜色标明“同意”“反对”“犹豫”。

上述工作结束后,办事员须向选举总部呈交一份本区拉票进度表。总部收集这些报表并进行研究、分析和记录。每天都会召开拉票活动会议，由拉票活动负责人主持，各分办公室办事员参加。召开会议的目的是讨论一些疑难案例，并商量补救措施。对于标注“死亡”的选民，部门会确认删掉他的登记号，不能让对手有冒名顶替的机会。对于“搬走”的选民，部门有责任按照正确地址报给所在分选区办公室，进而游说这些“搬走”的选民。最重要也是最难办的工作是如何解决“犹豫”的选民。这些选民的决定时而会改变选举结果，只要有机会就说服其中一部分。

投票前夕，各分办公室会将最后游说结果交到总部。通常都是尽可能保密这些结果。休斯顿先生在他的《现代选举》一书中曾建议，“如果用电话拉票，需提前设置密码，因为可能会有意外倾听”。[5] 拉票部门根据这些最终结果，可以粗略估计投票情况。减去一部分不能参加投票的选民，再把“犹豫”选民加到对方阵营，这样估算的结果通常都非常准确。

然而，这并不说明拉票工作结束了。只要选民还没有在选票上打叉，这些都是没有价值的。事实上，许多时候，太相信根

〔5〕 H. J. Houston, Modern Electioneering Practice, p. 135.

据拉票报告计算出的选民票数,招致失败。一些许诺投支持票的选民可能会最后改变主意;有些可能没有出来投票;有些可能不催促就不愿意投票;还有些因为迟到,选票无效了。这些都是投票日经常发生的事。拉票人必须要机智巧妙地处理这类事。因此,即使到了投票的最后一刻,拉票部门仍然很忙碌。投票日上午,由选民自己去投票站投票。通常从中午开始,拉票人就开始催。当到投票结束前最后两小时,就是最后"推一把"的时候。拉票人,无论男女老少,都拿着小册子和笔,口袋里装着手电筒,一条街一条街地跑,挨家挨户去"围堵"。他们把老母亲从家里叫出来、把病人从医院领出来,带他们去投票。他们必须非常小心的一点是,千万不要敲错门,别把对手的支持者叫出来,那就等于让对手又多了一票。他们可能忘了对手也在这么干。

在上一章中,笔者指出,各候选人分发竞选刊物时,会给每位选民发一张投票卡,并要求选民在选举结束后返还给支持的政党。为收集这些投票卡,各候选人在每个投票站都安排了许多检验员,在投票时收集这些卡片。检验员收到卡片后,就通过"送信人"将投票卡送到最近的竞选办公室。各政党在投票站都有检验员,这些检验员通常会合作。如果检验员没有从选民那里拿到投票卡，而该选民已经投票给对手，该检验员就可以从对手检验员那里找到选民的登记号。因此，所有检验员经手的投票卡可以组成当日竞选的完整结果。卡片或登记号会被送到不同政党的竞选办公室。

在竞选办公室，办事员和其助手正在忙着检查“名单”，这是记载着选民姓名和登记号的登记册。当名字或号码被报“已投票”，就在名单上该选民的名字或号码下做标记。进行这项工作时，还要有人去检查拉票卡上，在“同意”一栏中还有多少选民没有投票。对于那些还没有来投票的选民，拉票人会再次上门催促。因此，这就是我们已经说过的最后“围堵”。

拉票的第一轮，目的只是核实“同意”“反对”“犹豫”等，通常由普通的拉票志愿者去做。他们带着卡片、笔、传单、小册子、肖像窗贴、竞选刊物，无论选民属于哪个党派，挨家挨户去拜访。他们唯一的目的就是从选民那里得到“支持”还是“反对”的信息。

鉴于这项工作涉及的法律责任，通常由代理人或政党总部印刷一些说明，分给这些拉票人，指导他们工作。除了提醒拉票人不准“接受报酬”“不准将拉票卡留在选民家里”之外，他们还有一系列“不准”。比如，“不准许诺给选民任何礼物”“不得使用不正当影响”“不准行贿”等。有时,在拉票手册封面或单独印刷的一张纸上,写着“礼貌比争论更能赢得人心”“穿着得体、形象端庄总能留下好印象”“友谊消除敌意,殷勤招揽选民”。[6]

他们沟通的实际范围和性质不尽相同,有时只问一个问题就足够了,有时要进行长谈。但任何时候,拉票人都必须要有耐心,并经受住嘲笑、蔑视、羞辱和愚弄。如果选民质疑候选人的政纲,拉票人就要向选民证明,这是所能想到的最好的政治纲领。如果选民怀疑候选人的个人能力,拉票人就要说服选民,这个候选人是国家的救世主,是竞选中最有声望的人。事实上,对拉票人来说,没有什么问题是回答不了的。如果拉票人的智慧实在答不上来,他还可以查阅参考书。参考书是各政党在伦敦总部印发的。参考书上有“如何拉票”“拉票的关键”等内容讲解。这些书内容丰富、全面,是一种百科全书,不管什么样的问题都能从中找到答案。正如笔者之前指出的,所有信息都很全面、概括,但都不精确。比如,笔者曾经碰巧见证了一场拉票人和选民关于“关税改革和社会主义”的辩论。拉票人从口袋里

---

〔6〕 Houston, op. cit. passim. 关于这一点,有兴趣的读者可以参考伦敦各政党颁发的“拉票人提示守则”,“如何拉票”等小册子。

拿出他那百科全书式的参考书,读道:“关税改革可以带动国家就业,提高工人工资水平,社会主义会使国家财富大量流失,导致就业率下降、工资水平降低。关税改革可以创造和平与繁荣;社会主义只会招致冲突、饥饿和杀戮。”这只是众多例子之一。

如果选民不接受这么抽象的说法,拉票人就需要找出更适合这一场合的争论点。类似“把票投给工党、投给和平”“把票投给保守党、投给繁荣”“把票投给自由党,投给就业”等口号能够迷惑头脑简单的人,因此,这些口号是拉票时的绝佳武器。有时候,谎言和诋毁是拉票时的权宜之计。“因此,根据选民的德行和智慧,以及道德水准的高低,拉票人会反过来用辩论、劝说、暗示、许诺、恐吓及其他计策来对付选民。”[7]

拉票人不仅挨家挨户拜访,跟每一位选民面谈,还要确保亲自见到每位选民,得到选民的亲口承诺。波姆恩(E. N. Bumn)在《拉票建议》一书中写道:“仅仅是去选民的家拜访,并没有见到选民本人,或者只得到他妻子的回答,这都是不够的。只有选民本人明确回答他会支持该政党,并把他的承诺写在拉票卡上。”为此,在工业区的拉票工作不得不在晚上进行。只有下班

〔7〕 Ostrogorski, op. cit., pp. 464 – 468.

后才能见到商店管理员和工人。拉票人通常在选民一家正吃晚饭时敲门;或等家人休息时,再来按门铃。因此,拉票人总会打扰到选民。而且,对有些选民来说,这些拉票人比讨厌鬼还要令人讨厌。

照例,大多数选民都是"固定"的选民,他们肯定是"蓝""黄""红"中的支持者。经常花长时间与选民谈话、辩论、争吵、劝说、乞求的拉票人是非常倒霉的,可能最后什么都得不到,甚至连声谢谢都没有。韦伯斯特(R. G. Webster)在《我的拉票经历》中写道,"我曾经陪朋友去选民家拉票,选民问我:'你支持什么颜色?'我回答说,'黄色'。选民就会抓着我的手说,'这就对了,我也支持黄色'。如果他是其他政党的支持者,就会说,'这不好,我是坚定的蓝色派'。如果我尝试跟该选民争论,希望他能支持我的政党。他会饶有兴趣地倾听,还会时不时地评论说:'对,我赞同这一点,这就是我想要的。'但不管怎么说,他显然还是支持'蓝色'"。[8]

如前所述,拉票目的不是将支持"蓝色"的选民转变成支持"黄色",也不是反过来让支持"黄色"的支持"蓝色",拉票针对

〔8〕 R. G. Webster, Elections, Electors, and Elected. pp. 52 – 53.

的是“犹豫”的人群。竞选委员会每天的会议上都会讨论这些“犹豫”的人群，给予特别对待。通常都是号召在场的人，谁来处理这个，谁来负责那个。这标志着第二轮拉票的开始。毫无疑问，第二轮拉票之后，一部分“犹豫”的选民仍然还在“犹豫”。这种情况下，要么换人游说，要么换个策略。比如，让牧师去游说一名狂热的教会支持者，让工头去劝说他的雇员。有时候，只有先赢得其妻子的支持才能得到丈夫的选票；有时候顾客对商店老板的影响比老板的朋友还管用。这些都是拉票人会遇到的棘手问题。通常精于使用谋略的拉票人会在竞选中赢得先机。

候选人的个人魅力和影响，也是必然需要的。候选人要早早拜访所有有名望的人——牧师、不同组织的主席和副主席、男性名人、女性领导人——无论这些人是支持他还是反对他。“除非他们先开口，不要谈政治。要让他们知道，无论他们怎么反对你的政见，你本人是一个值得喜欢的人。”[9]这是休斯顿在个人拉票方面给所有候选人的建议。

在这种个人慕名的拜访中，光有礼貌是不够的。马克多纳（MacDonagh）写道，“除了情人之间的赞美外，可能就属候选人

〔9〕 Houston, p. 61.

对女主人的赞美了。亲吻在古时候也是很重要的一部分,但这一习俗也有缺点……因此,候选人的亲吻就变得不合时宜了。许多候选人的做法是捏捏孩子的小脸,或爱抚一下孩子的下巴,希望父母能够意识到这是保守党或工党或自由党的示好”。[10]

诗人库伯(Cowper)记载过一段奇妙的拉票经历,是格伦威尔(Grenville)去他家游说的事。具体描述如下:

昨天,我们晚饭后正坐着,一大群人出现在窗前,我和两位女士都还比较镇定,但有一种无可名状的惊奇,然后门铃响了,女仆说是格伦威尔先生来了。霎那间,院子、厨房和客厅都站满了人。格伦威尔先生来到我面前,真挚地和我握手,极有诱惑性。

当谈话结束时,格伦威尔先生再次紧握我的手,还亲吻了女士,离开客厅,又以同样方式亲吻了厨房的女仆。他看上去是一个充满爱心、心地善良的绅士。[11]

目前,个人游说已经扩展到了所谓的“家庭游说”。候选人

---

〔10〕 M. MacDonagh, The Pageant of Parliament, Ch. Ⅱ, p. 25.

〔11〕 Quarterly Review, Vol. Ⅱ (1857).

妻子和孩子(如果有的话)也要分担候选人的职责。“孩子简单的叫一声‘爸爸’,妻子诉说他们在‘艰难时候’丈夫的勇气和爱,这些就足以影响选民。”[12]

同时,“街头拉票”“户外拉票”“街区拉票”,这些既省时又省力的方法也开始流行起来。根据这些拉票活动的时间,出现了“早间拉票”“午间拉票”“晚间拉票”等术语。这里,笔者以“早间拉票”为例,讲述现代组织是如何进行拉票的。

一大早,候选人或其妻子就会和一些工作人员一起去选区拜访选民。到达目的地后,其中一个助手就会摇铃或者吹号,把人们从家里叫出来,其他的助手就会挨家挨户地去敲门,并喊道某某先生或某某夫人来向各位选民问好。同时,候选人或妻子就挨家挨户向出来的人打招呼。无论男女老少,拜访者会跟每个人握手,并问候“早上好”“天气真好”“很高兴见到你”等。然后,要求选民聚集到某个角落,候选人或妻子要进行5~10分钟的游说演讲。

大部分选民都会响应这样的要求,并集合起来,也有一些选民宁愿站在自己家门前看着。当选民聚过来形成一个圈时,游

〔12〕 H. J. Houston, Modern Electioneering Practice, p. 150.

说者就站在人群中间,开始演讲。笔者下面讲述一个最近一次递补选举中听到的这类演说:

同志们,早上好。很高兴在这里和大家见面。(演讲人微笑)你们完全不应该住这么简陋的房子,穿这么破旧的衣服,吃些粗茶淡饭,谁该为此负责呢?托利党。(好啊!说得好!)当前政府让富人变得更富,穷人变得更穷。同志们,把票投给我的丈夫,他会为穷人而奋斗。(说得好!)他能给你们提供更好的房子、更好的衣服、更好的食物。同志们,他可以改变这个世界。同志们,起来投票给我的丈夫吧。我们需要你们每一个人,需要全体人民的支持。(说得好,说得好!)同志们,不把票投给我的丈夫就意味着投给了托利党。把票投给托利党就意味着只能住简陋的房屋、穿破旧的衣服、吃粗茶淡饭。投票给我的丈夫,我希望你们每一个人都这么做,这也是我来这里的目的。再见,各位。

发言结束后,她微笑着和一些观众再次握手。她面带微笑,亲切致意,挥手道别,然后,再去下一条街道重复同样的表演。

在这方面,有必要说几句现代选举中女性的影响力。在竞选中，当然不可能把男性和女性分开对待。在拉票时，这两类选民都是一起进行的。然而，值得竞选工作人员注意的是，事实上是，40%的选民是女性，但许多女性选民的投票对其丈夫的选择也有很大影响。

问题是，一方面，选举组织要注意男女合作。比如，有些部门中，主席是男性，副主席就是女性。还有地方政党设置一些女性部门，和男性部门并肩工作。休斯顿先生在《现代选举》中曾预言："如果不久的将来没有出现一批职业女性，女性选举代理人，取代男性同事，并拿同样酬劳，我倒是觉得奇怪了。"他还说，"如果选举组织没有男性代理人和女性代理人合作，就不是一个完整的组织，而且女性的工作跟男性的工作至少是一样重要的"。[13] 另一方面，竞选策略上也有一些变化。过去，德文郡的公爵夫人用一个吻就能从"不切实际的屠夫"那里换得一张选票。当代代理人认为，说服女性投票者最好的办法是长相帅气穿着得体的男人。当然，这只是相同原则的不同用法。除此之外，对于女性心理的把握在当代选举中也扮演着非常重要的角色。虽然一部分女性容易被纯粹女性主义的问题影响，但大

〔13〕 H. J. Houston, Modern Electioneering Practice, pp. 149 – 151.

部分家庭主妇关心的是物价、教育、宗教、税收和工资这一类诉求。因此，当游说者面对女性选民时，跟她们谈论英镑的购买力要胜于国际政治。

按照法律规定，游说只能由志愿者来做，有些人则被法律禁止从事此类工作。任何经审判庭、众议院、选举法官、选举监察官确认犯有腐败和违法行为者，7 年之内不得从事游说工作。候选人让此类人从事游说会导致其当选无效。[14] 此外，法律还规定："所有官员、郡长、教士、内阁成员、士兵、大都市治安官或者任何县或者区的警察，不得从事游说或者被任命、接纳为说客。"[15]

法律禁止任何类型的说客接受报酬，[16] 但并不禁止任何人为候选人游说支付自身费用。法庭认为，1883 年法律第 28 节不适用"自掏腰包，花费小额支出，只要他没有为此得到报酬"。因此，现在可以说，"几个说客可以共同或者依据他们之间的协作，完成完整的游说目标，而未侵犯任何法律"。[17]

---

〔14〕 F. R. Parker, The Powers, Duties and Liabilities of an Election Agent and a Returing Officer, p. 133.

〔15〕 Ibid., p. 577.

〔16〕 16 - 47 Vict., c. 51, s. 13.

〔17〕 Parker, p. 577.

虽然候选人不能雇用一个人去为他游说，[18]但法律并没有禁止雇用的代理人、助理、工作人员、送信者进行拉票活动。他们有闲暇时，在不与其职责相冲突的情况下，完全可以参与游说。除了支付游说者，法律不禁止如准备游说书、卡片、笔、注册表和其他一些必需品的支出。甚至游说的旅行费用支付也是合法的。

通过上述分析，可以说英国法律鼓励而不是打压游说选举。如前所述，尽管有一些模糊的限制，但大多数都容易遵守。还有一些可以被规避。禁止给游说者报酬的条款至少不会对候选人或其代理人造成困扰。[19] 志愿者的动机有很多。“参与工作的决策成员中最重要的是，确保能让组织把他们干得好的信息传递到市政委员会，甚至是直接被举荐为地方官员。对于很多外人来说，当他们效力的政党控制了市政委员后，志愿者的头衔等于得到许多下属岗位的证明书。在选举时，或游说之夜，志愿者被款待，轮到他们走到前台，就能从中发现他们的报酬。”[20]因此，只要法律不禁止这种做法，就不用害怕游说对于志愿者缺少

〔18〕 46 – 47 Vict. , c. 51 , ss. 13 , 17.

〔19〕 Ibid.

〔20〕 Ostrogorski , p. 462.

吸引力。并且,如果一个党派进行游说,在现阶段情况下,另一个党派也必须跟上。不管这个体系真正的用处是什么,只要需要个人拥戴党派,只要法律不禁止,就没有党派可以漠视它。

坦白来讲,废除这种做法将会在很大程度上减少投票率。最近投票率已经达到60% ~65% ,有时候达到70% 这样很高的数字。如果没有游说,投票率可能会下降到30% 或40% 。即便这是事实,仍然有必要弄清楚是否有其他更好的方式去鼓励人们投票,并且,结果是否真的就能为手段提供正当化。

将游说作为赢得选举的武器,据说是被夸大了。一些代理人指出,游说真正起作用的地方是在"摇摆"群体中。在一些情况下,这类人非常少。有人计算过,所占比例很小。大多数选民固定为"蓝""黄""红",选举的辩论、演讲和游说不可能改变他们。笔者曾经在选区见证了游说者来说服女房主的场景。房主告诉游说者,"我不能投给自由党。"游说者问,"为什么?"对方坚定地回答说,"我不投就是不投,不为什么。"他的妻子说,"哦,不! 我们不会投的,我们不会为了整个世界而投给自由党。隔壁房间住的妇女是工会俱乐部主席。我们不会为了整个世界,投票反对她"。这是英国选民心智的一个缩影。

如果竞选白热化,或者说结果悬疑时,也许会有游说的机会。即便这时,游说的道德影响也必须考虑在内。“要求选民给予他所支持的候选人口头保证,秘密投票的法律规定就像是形同虚设的规定”。[21] 1872年平民院讨论选举法时,福斯特说,“选票的本质应该是完全保密。这意味着选民不应该向任何人证明他选择了谁,否则,选举的目的就作废了”。[22] 鉴于这个事实,游说这种做法就是对选举法从精神到实质内容进行系统性抨击。除了这些法律因素之外,游说本身就是一种打扰别人且令人烦恼的事情。“选举一开始,选民就变为所有党派游说者的牺牲品。‘我的家就是我的城堡’这条规则在整个游说期间实际上被废除了。”事实上,无论白天还是晚上,选民没有一个小时不被游说者侵犯。选民也许会通过贴窗画或者用卡片写上“禁止进入”来赶走这些没被邀请的客人,但是游说者通常都是一些顽强的、很难被驱逐的存在。

由于这些原因,许多人建议,应该像贿赂、请客一样,将游说一起禁止。关于如何处理这个问题,具体细节留在后面进行讨论。

为确保或鼓励一些举棋不定的选民进行投票,游说者有时

---

〔21〕 Ostrogorski, p. 463.

〔22〕 Parliamentary Debate, Feb. 20, 1871.

会提供马车给他们。游说者会在卡片上记下何地需要车辆，何时需要送往何地等。当真正投票的那一天来临时，严格执行这些要求。结果，投票那天，整个选区就像是为期一天的赛跑、赛马、赛摩托或者赛马车等各种类型的竞赛。

实际上，投票开始前一个小时，各种大小和形状的车，装饰着各自党派的颜色和海报，开始聚集在不同的基地。不同党派的司机被组织成为运输公司，在中心会议室有总指挥官，分会议室有分指挥官。他们一整天就开着车，吹着号角，打着铃，吹着口哨来回赶路。当这些马车经过街道上各种拿着党派花结和丝带的孩子、学生和游手好闲的人时，他们就对着每一辆马车呐喊、欢呼、呵斥，并且挥动手里的帽子、手巾或者其他手里有的任何东西。

不同候选人驾驶的车子有着独特的外形。在妻子、孩子，有时候还有代理人的陪同下，这些候选人驾车从一个会场跑到另一个会场，就像是“战争爆发前的将军整顿队伍一样”。无论候选人停在哪里，他们都会受到支持者的欢呼和祝贺。他们将会和工作人员一起，到不同的会场，询问工作进展，鼓励最后的胜利，同时对他们的服务提前表示感谢。作为回应，这些工人和孩子们会为这些候选人欢呼 3 次，再为候选人的夫人欢呼 3 次。

随后，一些工人将会聚在一起，呐喊“谁将胜出！”“谁将当选！”这些问题通常会得到全体一致的回答，并且这位候选人的名字会被大声喊出。然后，孩子们去另一个不同党派的会场，在那他们会遇到同样的问题。除了候选人的名字变了之外，其他的答复都自发地格外一致。

对于一些著名人士通常会有一些特殊安排，或是扮演候选人的司机，或是为选民展示某位候选人得到某个名人的支持。如果他们找不到一位著名人士扮演司机，就用一些著名人士的儿子或者女儿。最近在斯梅里克的递补选举就很好地说明了这点。下面引述一段描述：

> 贝蒂·包尔温小姐，首相的女儿，今天开着她的双座车到达了选区，载着保守党选民来到投票处。
>
> 这一整天，包尔温小姐载着保守党候选人皮克先生在选区转来转去。后来，她说，没有人向她扔砖头，只有亲吻。[23]

法律规制游说中的交通运输肯定是很不完整的。此前，法

---

〔23〕 Daily Mail, London, December 22, 1927.

律允许支付选民往返投票地的交通费，现在已经被废除了。[24] 如今，为了把选民送到投票站或从投票站送回家，雇用、出借、使用任何公共交通、马车、马或其他动物等，都是非法的。[25] 这种规定不包括舰船、驳船和船艇。

法律禁止为某个候选人参与选举支付金钱或签订支付合同，禁止为选民参与投票故意提供报酬用于租用马车、铁路费用或者其他方式。[26] 但是，所有不是用来租赁的马车可以无偿地借给候选人，这是合法的。同时，雇人来管理这些交通工具也是合法的。同样，汽车的耗油和喂养马匹的食材的花费也是合法的。此外，选民可以独自或者共同租用交通工具。

关于选举时交通费的问题，赞否都有人支持。赞成者认为，如果没有这样的马车，尤其年老和生病的选民就无法去投票。除此之外，在乡村选区，有时候路途太遥远。另外，当选举变为对汽车数量的自由竞争时，就会对经济上贫穷的候选人造成严重障碍。韦斯特伯里最近进行的递补选举是在 1927 年 1 月 16 日进行的，保守党候选人朗上校在投票当天动用了 300 多辆汽

〔24〕 46 -47, Vict. , c. 51, s. 66.

〔25〕 Ibid. , s. 14.

〔26〕 46 -47, Vict. , c. 51, s. 7, a, b, c.

车。这个数量大大超过了他的竞争对手。选举结果,保守党以149 票的绝对优势进入国会。试想一下,如果一辆车可能给保守党增加一张选票,让对方少了一张选票,那么,这场胜利实际上就是交通工具获胜。斯梅西克 1927 年的递补选举中,保守党和工党候选人都拥有 100 多辆车。而最穷的自由党候选人只有 12 辆。最终,他失去了选举。不能很肯定地说,就是因为经济不足导致自由党在选举中落败。但是,很可能会有选民因为投票那天某位候选者提供的交通工具而为他投票。完全禁止选举中的交通辅助是不切实际的建议。但是,必须做出一些改进,确保穷人和富人之间的公平竞争。过去,候选人必须支付所有选举的支出。从 1918 年开始,政府承担了一大部分的责任。为什么不提供一些公共交通工具？如果有必要,应该由公共财政提供,为所有党派提供同等支持。如果能够由公共承担,而且公平对待所有候选人,无论是穷候选人还是富候选人,肯定能够更经济地解决这个问题。

# 第九章　腐败行为

“腐败行为”和“非法行为”之间的界限很难区分。菲尔德大法官在1886年的巴伦－弗内斯案件中说道，“该法对腐败行为和非法行为做了明显区分，这一点至关重要。腐败行为是伴随着思想发生的，非法行为是立法机关将其划为禁止之列，不管是故意为之，还是无意为之”。[1] 随后到了1892年，波拉克大法官在沃尔萨尔案中做了如下陈述，[2]“非法行为不涉及动机问题，不管其是否单纯。法庭只考虑该行为是否违法”。洛厄尔校长在《英国政府》一书中写道：“腐败行为是道德沦丧，必然涉及腐败意图。比如，给选民送礼，如果不是为了影响他的选

〔1〕 4 O'M & H. p. 27.

〔2〕 4 O'M & H. p. 125.

票，就不是贿赂。但是，只要是被法律禁止的行为就是非法行为。比如，支出费用超过了法律规定的最大限度，不管动机如何，就属于非法行为。"[3]

尽管上述区分在某种程度上是合理的，但仔细分析现存法律，可以看到，这种区分并非总是如此。首先，腐败行为真的总是"道德沦丧"问题和"动机"问题吗？例如，英国1918年《人民代表法》第34条规定，"除候选人的竞选代理外，其他人在没有竞选代理书面授权的情况下，不得花费任何费用为在议会选举中获胜或为其他候选人拉票而举行公众集会，打广告，发传单，印刷出版物"。[4] 该条接着规定，"如果有人违反上述规定，其行为构成腐败行为"。在这种情况下，定罪的决定性因素就是看当事人是否在没有授权的情况下做了法律明令禁止的事情，从而支出费用。法律很明确，调查很简单。如果当事人违反了规定，就构成腐败行为，如果没有，就无罪。

另外，1895年法律规定："任何人，不管是任何组织的主任，还是联盟主席，在议会选举前或选举中，为了在选举中影响选举结果，针对候选人的特点和行为，歪曲事实，就属非法行为。"根

[3] S. A. Lowell, Government of England, Vol. II, p. 325.

[4] 7－8 G. V. c, 64, s. 34.

据法院判决,依据该条定罪,必须满足以下条件:[5]第一,被指控的言论必须不真实;第二,必须与候选人个人的特点或行为有关;第三,必须是为了影响选举结果。因此,法院判决此类案件,不仅仅只看法律。尤其是法院列举的第三个条件,纯粹是调查动机和道德。

根据现行法律,腐败行为包括以下几种:(1)贿赂;(2)招待;(3)不正当影响;(4)假冒;(5)故意虚假宣告选举费用;(6)未经竞选代理人授权为推广候选人花钱举行公众集会、打广告、发传单、印刷出版物。

1854年法律首次定义了行贿这个概念。随后,1883年法律重新作了明确。[6] 以下描述的这些都是行贿罪。

1. 任何人,为了诱导选民投票或不投票,亲自或授权他人,直接或间接向选民或选民代表提供,或许诺提供金钱或有价值的物品,或是在任何选举中,基于选民的投票或不投票,进行上述收买行为。

2. 任何人,为了诱导选民投票或不投票,亲自或授权他人,

---

〔5〕 H. Fraser, The Law of Parliamentary Elections and Election Petitions, pp. 167 – 168.

〔6〕 46 – 47 Vict., c. 51, Third Schedule, Part Ⅲ.

直接或间接向选民或选民代表提供,或许诺提供办公室,场所或就业机会,或是在任何选举中,基于选民的投票或不投票,进行上述收买行为。

3. 任何人,为了诱导他人进入或试图进入议会,或是在选举中诱导选民投票,亲自或授权他人,直接或间接送礼,提供贷款,提供帮助,做出承诺,设法获得或同意上述内容。

4. 任何人基于任何礼物、贷款、帮助、承诺,获取或承诺得到议员的汇报,或是选民在选举中的投票。

5. 任何人提前支付或事后支付一笔钱或给他人用钱,用于在选举中行贿;或明知上述情况,仍然提供金钱支持,但该规定不包括选举中的合法支出。

6. 任何选民本人或为他人在任何选举中投票或同意投票,以此由本人或由其代理人直接或间接接受金钱、礼物、贷款或贵重物品、官职、岗位等。

7. 任何人在选举后基于投票、不投票、拉别人投票、拉别人不投票等,直接或间接由本人或其代表接受钱财或贵重物品。

在英国国会选举中,早期的行贿在本质上是消极的。有时候行贿是这样进行的:代表们会接受少于 1323 年法案规定的报酬,各郡的骑士是每天 4 先令,公民或草根是每天 2 先令。有时候代表们会达成协议,接受其他报酬,而不要钱。仍然有别人会承诺去国会,提高工资,减少旅行费用。史料记载,第一个用钱来保住平民院席位的例子是1571年的托马斯朗。[7] 据说,这位绅士竞争韦斯特伯里镇的席位,给市长4英镑,还给其他选民一些钱,来确保他的席位。后来,他被派到威斯敏斯特市,在那里,人们质疑他是怎么当选的。这个简单诚实的绅士对议会坦白,他为了这一职务,给了市长4英镑。因此他被判了刑,并被剥夺了席位。平民院发布命令,让当时的市长戈兰把4英镑归还给托马斯朗,同时,还要支付给女王20英镑的罚款。

18世纪末,贿赂已经成为确保政治权力的常用手段,还被当作一种贵族的、绅士的值得尊敬的方法。[8] 对此,政府和公民都没有试图阻止这种行为。据记载,曾经有一个选民抱怨候选人出价太低。他对法官说,"天啊,先生,事情不能这样干,必须要改革。我们这些贫穷选民根本就没有得到应得的报酬"。[9] 邓唐纳德在自传中记载了另外一个案例:"当霍尼顿镇进行拉票时,其中一个人对勋爵说:'尊敬的爵爷,您不用问我

〔7〕 M. MacDonagh, The Pageant of Parliament, pp. 155 - 157.

〔8〕 E. Porritt, The Unreformed House of Commons, passim.

〔9〕 C. Seymour, How the World Votes, p. 95.

会给谁投票,我向来是投给出钱最多的了。'"[10]最著名的有组织贿赂案发生在肖雷汉姆镇,选民组建了联合股份公司,目的就是要在选举中获得最高的筹码。该组织被称为"基督徒俱乐部"。18世纪的讽刺作家写了一首诗,刻画了那一时期的现实:[11]

禁止贿赂的法律已经制定
然而,贿赂的方法总能找到
谄媚总是颇具魅力,权力散发着魔力
人会腐败,自由被贱卖

正如该诗所指,英国在18世纪以前已经有法律禁止腐败行为。第一部相当重要的法案于1696年通过,被称为"招待法案"。1854年通过了一部法律,修订并巩固了过去所有的法律。尽管有法律规定,但随着时间的推移,选举体制越来越堕落。1880年大选显示,所谓的民主政治中,金钱成为主导力量。格莱斯顿政府不得不承认这种可悲的现状,也采取了改进措施。

---

〔10〕 J. H. Jeaning, Anecdotal History of Parliament, p. 383.
〔11〕 J. Grego, Parliamentary Elections in the Old Days, p. 85.

因此，英国于1883年通过了著名的《禁止腐败和非法行为法》。这一法案在很多方面重申了1854年法案。该法案对于贿赂的定义都是逐字复制1854年法案，新法的第三章也是完全照搬，只有最后两条(上文引用的第6条和第7条)是新加上的。

对该法案的解释是一件特别复杂的事情。人们认为，行贿并不总是以金钱的形式。因而，承诺在将来给予好处来诱使投票者投票也是行贿。[12] 允许到候选人花园里射击或打野兔也是贿赂。[13] 候选人送给选民一双鞋也是行贿。[14] 法院对贿赂的解释原则是，“只要以行贿的方式做一件事，就算它没有多大价值，也是行贿”。[15]

法院还规定，“贿赂的多少不重要，只要能确定‘行贿意图’”。半克朗的一个贿赂，或是很小的贿赂行为，如给选民送一杯啤酒，就足以影响选举。[16]

只要表示或暗示选民为某个候选人投票就承诺提供旅行经

---

〔12〕 I O’M and H. ,p. 124.

〔13〕 Ibid. ,p. 120.

〔14〕 2 O’M and H. ,p. 208.

〔15〕 Parker,p. 537.

〔16〕 1 O’M and H. ,p. 202.

费,就是贿赂。[17] 但是,如果承诺为选民提供旅行经费是无条件的,也就是说,没有要求接受者给赠与者投票,就不是贿赂。[18]

为选民投票花费的时间给予一些补贴也是贿赂。[19] 当然,给选民提供承诺,让其"来投票不会有损失"也是贿赂。[20] 选民投票时,雇人代替选民工作,也是贿赂。[21] 支付选民一天的工资而他们来投票也是贿赂。[22] 另外,法院判定,雇主允许雇员在合理时间离开工作岗位去参加议会选举不是贿赂。但是,这种许可必须平等给予所有雇员,不能诱使选民为某个特定候选人投票。[23]

鉴于给予提供职位也是贿赂,因此,无论该职位是选举中临时的职位,还是永久性职位,都不重要。[24] 无论该职位是给了投票者,还是能间接影响选民的第三人,也不重要。[25] 雇用一

---

〔17〕 4 O'M and H. ,p. 13.
〔18〕 3 O'M and H. ,p. 53.
〔19〕 1 O'M and H,p. 153.
〔20〕 6 O'M and H. ,43.
〔21〕 3 O'M and H. ,107.
〔22〕 1 O'M and H. ,p. 220.
〔23〕 48 –49 Vict. ,c. 56. ,s. 1.
〔24〕 3 O'M and H. ,p. 153.
〔25〕 1 O'M and H. ,p. 32.

个有影响力的人来影响选民也是贿赂。[26] 只是提供一个申请职位的机会,或空出一个职位来赢得选民的支持,也是贿赂。[27]

从法律的角度来说,除了作为证据之外,行贿时间不重要,只要影响选举就成立。法律并没有明确时间范围,因此就行贿意图而言,无论行贿是发生在1年、2年或6年前,它就跟发生在选举前一天或当天的行贿一样。[28] 就要求的证据而言,时间很重要。"如果行为发生在选举前不久,除非有相反证据,并且无法证明行贿意图,否则,这一行为就会被推定为行贿。但是,在选民投票之后的行为,就必须要证据证明这是行贿。"[29]

选举中的行贿有时是慷慨的礼物和捐赠。1701年选举委员会证实,参选的一个候选人给自己选区承诺,如果选民选他,他会免征市场赋税。在温彻斯特听证会上,还获得同一时间的另一个案例。一名候选人许诺,他本人会设立一个基金,无息借钱给没钱的商人。1713年两名候选人在韦茅斯修建了一座桥,兑现他们在选举时的承诺。在后来的案件审理中,一名选民告

---

[26] 1 O' M and H. ,pp. 32,102.

[27] 2 O' M and H. ,p. 25.

[28] 1 O' M and H. ,p. 302.

[29] Ibid.

知委员会，他投票给捐赠者，因为他们给镇子建了一座好桥。[30]

应当指出，这一时期，选民数量很少，以慈善捐赠的形式展现的贿赂或多或少都有限。随着时间推移，选民数量成比例增长，行贿的重要性也更加突出。原因很简单。

随着选民数量增加，直接和选民进行金钱交易不再切实可行。比起购买选票，购买意愿和人气，则更经济可行，反正都能达到相同目的。“在投票那天，让选民相信候选人是个好人，相信巨额资金会用于商店和宾馆，人们付款不会抱怨，相信服务员、司机、行李搬运工和其他人都能分享战利品，相信困境中的人不会再经历苦难，相信有资质的机构不再担心来年的赤字，这种说辞会给候选人的政治演说增添魔力，并且行之有效。”其次，这种隐性腐败还打着高道德的幌子，能轻松规避法律。布莱克本法官在1869年的黑斯廷案中说，“还没有法律规定，为了在选举中获得影响，在附近地区慷慨支出是非法行为”。在同一个案件中，拉希法官说，“毫无疑问，很多邪恶都是源于无差别和不明智的慈善，但这属于道德范畴，立法不能涉及。我们能够说的就是，仁慈的礼物，无论多么不明智，对选民的影响是什么，

---

〔30〕 E. Porritt, The Unreformed House of Commons (Cambridge 1900), Vol. 1, p. 161.

只要确定不是贿赂,它在法律面前都是无害的”。

基于上述两点原因,虽然直接贿赂随着时间的推移逐渐减少,但是,慈善捐赠作为贿赂的一种方式,一直持续稳定增加,并有超过前者的趋势。下面列举一些采用这种贿赂并且成功的案例。

英国最近的一次递补选举中,笔者有幸亲历。一个发言人在群众集会上推举工党候选人时说道,“M 先生(候选人)总是代表贫苦工人的利益。比如,在最近的大罢工中,他实际上给这个镇的工人发了 150 英镑”。发言人继续读候选人捐钱的信,最后,挑战其他政党来证实他们候选人的慷慨。另外一个最近在伦敦举行的递补选举中,托利党的报纸把保守党候选人写成仁慈的人,因为他们完全把自己献给了公益事业。据报道,1895 年 7 月 10 日戈特里安在公众演讲中说了下面的话:[31]

我要说的是,乔治·汉密尔顿男爵亲口告诉我,上一次他在赫尔执政期间,花了 90 万英镑,并且我就是议会成员。毕竟,当我说,我强烈支持可以获得更好的生活,我有错吗?

---

〔31〕 C. R. Buxton, Election Up-to-date, p. 17.

报纸还报道了另外一个案例。一个过去常常给穷人捐钱的候选人妻子，有一天开车来到北部乡镇的一个市场，她的车瞬间被一群人围住，大家都渴望与她握手。“一个小男孩试图靠近，没有成功，就哭了。一个朋友说，‘没关系，我把你举起来看她’。那男孩继续哭着回答说，‘我不想看她，我只想靠近她，我只是想要钱’。”[32] 当然，这都只是少许例证。类似案例还有许多。

另外，候选人为此承担的数额往往是一个很大的负担。在一个例子中，人们发现，一个议员有一个 20 英尺长的名单，“包括给宗教，慈善和社会组织的资金需求”。有一位从 1895 年到 1900 年担任了 5 年的议员，每一年在这些方面都要花 27,000 美元。[33] 对于这些行为，并没有法律规范，反而成为选举风俗，不这样做，候选人就要承担风险。在多佛最近举行的递补选举中，有个候选人宣布他不能为当地的慈善做出贡献，结果，第二天早晨，他发现选区到处挂满了醒目的标题“不给多佛一分钱”。后

---

〔32〕 C. R. Buxton, Election Up-to-date, p. 17.

〔33〕 Porritt, Unreformed House of Commons, Vol. 1, p. 165.

来，他失败了。[34] 正如前文所说，1927年联合党公开声明候选人应该富有，因为政治不能“廉价”。当该党提出这种建议时，除了其他原因，可能在脑海中已经考虑到某个候选人的“慈善捐赠”。就英国既定法律而言，这些慈善捐助既不是贿赂，也不违法。

在议会选举中被当作贿赂行为的请客行为跟慈善捐赠一样久远。在英国选举史上，在一些值得纪念的场合，已经出现了请客。托马斯朗可能是议会选举上的贿赂第一案，或许已经被学习英国历史的学生忽略，但是没有人能忘记“挥霍无度的选举”。一个作家用下面的话描绘了那“挥霍无度的选举”中奢侈豪华的场景：[35]

在阿什利城堡著名的霍顿家，贺加斯“选举晚宴”充满了狂欢，用多宁顿幽默的说法，叫“腐败的可怜人”。这种狂欢经久不衰。很多人都来了，剪羊毛者、裁缝、鞋匠、工人、商贩、军人和客栈老板，从早到晚，不停地沉溺在储存许久的老窖中。他们在身体上是“自由”的，但在思想上却系于霍顿的要求。他们喝光

---

〔34〕 C. D. Buxton, Election Up-to-date, p. 24.

〔35〕 J. Grego, History of Parliamentary Elections in Early Days, p. 227.

了摆在那里的所有酒,哈利法克斯勋爵当着他们的面,取出了上等的红葡萄酒。任人无可挑剔。这帮“乌合之众”就叫嚣着,“他们永远不会为提供劣酒的人投票”,继续置身在阿什利城堡中。

还有记载,曾经在利物浦的选举中,发给选民的选票正面印着一桶啤酒的代金券。[36] 另外一个案例发生在布里斯托尔,保守党代理人进行贿赂行为,因为保守党的颜色被称为“蓝色牛肉”,于是,就给选民分发牛肉。[37] 这类例子确实不胜枚举。足以说明,在未改革的日子里,几乎没有选区不沾染酒肉之气。

使请客成为非法行为的改革运动与防范贿赂几乎同时开始。事实上,第一部规范选举行为的法案就是《请客法》,于1696年正式通过。1883年议会废除了过去所有的请客法案,新规定了下列非法行为:

1. 任何人在选举前、选举时或选举后,为了影响他人在选举

〔36〕 C. Seymour, How the World Votes, p. 122.
〔37〕 Ibid.

中投票，或基于已经投票或不投票，亲自或由他人直接或间接地提供酒肉款待，或支付全部或部分费用。

2. 任何选民接受，比如，肉、饮料、娱乐、佣金等。[38]

在这方面，自然而然就产生一个问题：贿赂和请客之间有什么区别？厄洛尔校长说，[39]“请客和贿赂的区别在于，贿赂涉及关于投票的协议，无论是公开还是私下。而请客的人并没有从接受请客者那里获得任何承诺，选民只是基于他的慷慨好客进行投票”。对此，笔者不敢苟同。比如，如果证明送礼者存在腐败意图，送礼就是贿赂，但在送礼时，送礼者和接收者并不必然为将来的投票定下协议。这种行为或许完全只是出于为了展现好意，但它就是贿赂。另外，在许多选举诉讼中已经证实，一些选民经常被带到酒吧，招待他们喝免费啤酒，之后，就会诱使他们对投票做出承诺。很明显，这种请客也涉及讨价还价和交易，却不是贿赂。

但是，根据英国法院判决，认定请客问题时，需要考虑时间、环境和数量等因素，而这些因素在贿赂中是不重要的。法院表

〔38〕 46 – 47 Vict. , c. 51 , s. Ⅰ.

〔39〕 A. L. , Lowell, The Government of England, Ch. X, p. 237.

示，“在选举前试图影响投票的请客和选举时的请客一样有效，但选举后的请客，就必须是为了补偿特定投票，或是基于此前达成的协议”。[40] 因此，从未提到，也未考虑过大选后的娱乐，因为选举已经结束，所以不认为是腐败。鉴于选举后的娱乐仅仅是对胜利的庆祝，其本身不是腐败。

至于请客的环境，法院认为，对于一个处在饥饿中的人来说，在极其困难的情况下，为其提供一顿早餐，要比在他富有时送一大笔钱更有价值。这种情况下，更应当算作腐败。[41] 以往选举中流行向选民提供茶点，这种风气被保留了下来，不作为选举中的请客。[42]

至于请客数量，法院认为，“必须证明某种情况不足以导致腐败行为，且证明必须不具有疑问”。因此，在一个案例中，法院认为，“一杯啤酒不足够证明腐败目的的成立”。[43] 法院还说道，在判定这类案件时，首先要找到请客的目的，接着“法官还必须审查请客的规模和程度”。[44]

---

〔40〕 2 O'M and H. ,p. 44. 3 O'M and H. ,p. 70. 6 O'M and H. ,p. 335.

〔41〕 4 O'M and H. ,p. 13.

〔42〕 5 O'M and H. ,p. 193.

〔43〕 5 O'M and H. ,p. 23.

〔44〕 6 O'M and H. ,pp. 150,335.

从这个简短的分析中，我们可以发现，比较突出的是，在请客案件中，法院特别强调“腐败”这个字眼。换句话说，法院认为，贿赂从本质上是坏的，但是，请客就有好有坏。按照法院的理解，请客带有很多“目的”。法院在一个判决中写道，“请客乍看是清白的，但是要把它和腐败联系起来，就必须证明具有腐败动机”。[45]

这自然就引出关于“腐败”含义的讨论。在这个问题上，引用最多的一个观点是，“腐败并不意味着恶劣、不道德、不诚信，或类似于此的其他方面，而是其目的和意图是立法机关明文禁止的。事实上，当一个人的目的是请客时，就是吃饭喝酒，没有别的东西”。[46] 因此，首先，我们必须搞清楚一个问题，哪些事情可能不是“恶劣、不道德、不诚信，或类似于此的其他方面”，却属于立法机关明文禁止？是否有一些事情，“不恶劣”“没有不道德”“没有不诚实”，却具有不良意图或动机呢？其次，“当一个人的目的是请客时，就是吃饭喝酒，没有别的东西”，这句话是什么意思？尤其是，这句话中的“目的”一词是什么意思？“别的东西”又指什么？既然“腐败”并不意味着“恶劣、不道德、

〔45〕 4 O’M and H. ,p. 63.

〔46〕 6 O’M and H. ,p. 147.

不诚实,或类似于此的其他方面”,那么,这就意味着法律不禁止请客,而是禁止有意图的请客;法律并不在乎这种意图是好是坏。同时,法院认为请客行为从表面上看是一种无罪的行为。换言之,就是即使一个人的行为是无罪的,但如果他是有意图而为之,他的行为就构成了犯罪,不管他的意图是好是坏。这是法律的真正含义吗?此外,第二句话中“别的东西”似乎暗示着,一个人在没有请客意图的情况下进行的请客行为是合法的。但事实是,他提供的吃吃喝喝就在那呀!而且这种供吃供喝的行为将会影响接受者的投票,这也是事实。但是,根据英国法院的逻辑,这种行为是合法的。

因此,避免违法的方式就是没有意图地请客。但是,法院如何判断请客者是否有请客意图呢?世上会有无意的请客吗?这使笔者很迷惑。

另一个判决认为,“腐败意味着知错而行”。[47] 那么,什么是“错”呢?法院已经表示,“腐败”并不意味着“恶劣、不道德、不诚实,或类似于此的其他方面”。从逻辑上说,“错”并不等于“恶劣、不道德、不诚实”。有人认为,“错”就是做了违背立法机

〔47〕 I O’M and H. ,p. 57.

关意图的行为。那立法机关的“意图”又是什么呢？得到的答案是，立法机关明文禁止的行为。那么，什么是立法机关明文禁止的行为呢？我们的辩论就陷入了一个死循环。

再后来的一个判决说，“腐败就是意图对选举造成影响”。[48] 虽然“腐败并不构成贿赂，但肯定是对选举造成了影响”。[49] 这种观点更站不住脚。如果“议会明文禁止”的是意图影响选举结果的事，那就意味着议会禁止整个竞选活动。竞选都是为了影响选举结果。

这里再引用几个更矛盾、更令人不解的判决。有英国法学家提出，“单纯渴望获得普遍好感，或赢得大众喜爱，不属于腐败请客，但为了得到喜爱，避免不受欢迎，因此去影响选举，就属于腐败”。[50] 如果渴望获得普遍好感，或赢得大众喜爱，但不为了影响选举结果，那是为了什么？如果一个政党通过请客赢得了普遍好感和大众喜爱，立法机关如何阻止这种普遍好感和大

---

〔48〕 1 O'M and H. ,pp. 10 – 20.

〔49〕 3 O'M and H. ,p. 91.

〔50〕 4 O'M and H. ,p. 91.
3 O'M and H. ,p. 91.
6 O'M and H. ,p. 167.
2 O'M and H. ,p. 22.

众喜爱影响选举结果？法官试图区分“获得普遍好感或赢得大众喜爱”与“为了得到喜爱去影响选举”。他们总结说，前者是合法的，后者是违法的。这种区分本身符合逻辑吗？

如果贿赂和请客很难界定，那么不正当影响事实上根本就不可界定。在讨论1883年法案时，帕克先生是当时的检察长，正是在他的关照下，该法案得以通过。当时，要求他对不正当影响做出界定时，他说：[51]

毫无疑问，对不正当影响下定义是很困难的。它的形式多得无法尽述。它既存在于日常琐事，也出现在议会实务中。法官总能理解，没有什么比定义更难，而且，他们总是避免定义，他们认识到，一个人的独创性和他的偏见一样严重。

自从这项法案制定以来，超过半个世纪已经过去了，无论是国会还是法院，在具体理解这个不可定义的事情上都没有做出新的贡献。

〔51〕 Parliamentary Debate（1883）.

根据帕克的说法,[52] 对这个问题最好从3个方面来理解:(1)为打乱按照普通法开展的选举进行普遍性的威胁或者暴乱;(2)不正当地影响贵族、内阁大臣和其他人特定职位的人,他们的职位使其具有影响选举的超常力量;(3)通过法律进行的不正当影响,阻挠候选人或其代理人行使选举权。

普遍性地打乱普通法,意味着为了使选举无效,必须广泛波及一定的程度,并且是通过社区达到一定程度,足以导致自由选举中断。[53] 判决这类案件时,不必要提供选举结果实际上被这种混乱影响,除非证明这种威胁不可能影响选举结果,否则,选举就是无效。[54]

至于对贵族和内阁大臣的不正当影响,在1276年规定,“因为选举应该是自由的,国王命令,任何重要人物或其他人,都不得通过武力,或威胁,干扰他人进行自由选举”。[55] 自此之后,议会已经出台多部决议,禁止贵族、贵族的同事、郡长、内阁大

---

〔52〕 F. A. Parker, The Powers, Duties and Liabilities of an Election Agent and of a Returning Officer.

〔53〕 1 O'M and H., p. 259.
2 O'M and H., p. 156.
4 O'M and H., p. 66.

〔54〕 2 O'M and H., p. 157.

〔55〕 3 Edv. Ⅰ, c. 5, s. 5.

臣、王室工作人员和士兵在选举中的不当干扰。此外,法律规定,在任何选举中,士兵和警察的影响都是不正当影响,因此被完全禁止。

第三个是法律的不正当影响。这种不正当影响最早在1854年法案中予以明确。然后,在1883年法案中又作出规定:[56]

任何人亲自或通过代理人,直接或间接利用或威胁利用任何暴力,强加或威胁强加任何暂时或精神上的伤害、摧毁或者损失,从而诱导或迫使任何人去选举,或者限制任何选举活动;或者通过绑架、监禁,一些欺骗性的方式,阻止任何选民自由行使选举权,都将构成不正当影响。

通过分析法律规定,也许能够区分法律认定的不正当影响。第一,武力、暴力、约束或者威胁的影响;第二,暂时或者精神上的毁坏、伤害或损失,甚至威胁;第三,绑架,监禁,欺骗性方式。

法院认为,如果一个人为了阻止别人投票,或者强迫别人去

---

〔56〕 46 – 47 Vict. ,c. 51.

投票,通过殴打他人,或是恐吓会对他人造成个人伤害或者威胁,对他人房产之类财产造成破坏,这种行为属于不正当影响。[57] 从本质上说,恐吓不一定具有普遍性,这是普通法的规定。如果一个候选人的代理人员煽动一群暴徒在选举日去攻击或骚扰群众,这种行为属于不正当影响。任何一丝恐吓选举人的企图,即使实施威胁的人并不具备实施能力或者威胁未遂,根据英国法规定,这种行为也属于不正当影响。[58]

关于暂时性不正当影响,法院认为,如果一个地主威胁或者实际上确实强加于佃户身上的压力,促使其在选票上做出转变,属于不正当影响的情形之一。[59] 一个雇主迫使雇员承诺去投票或放弃投票,并以雇员的职业相威胁左右雇员的选择,这样的行为属于不正当影响。[60] 取消或威胁要取消对一个商人的光顾,从而诱导这个选民投票或放弃投票,属于不正当影响。

至于精神上的问题,法庭判定,牧师神父有权与其他人民一样行使正当影响。牧师和神父在合理行使他们的正当影响时,

---

〔57〕 I O'M and H. ,p. 240.

〔58〕 I O'M and H. ,p. 173.

〔59〕 F. R. Parker,The Powers,Duties and Liabilities of an Election Agent and of a Returning Office.

〔60〕 I O'M and H. ,p. 50.

可以向人们发表演讲,可以向他们的会众公开对不同候选人的不同看法,因为牧师和神父也是公民,拥有他们的政治主张,并且有权自由表达。[61] 但是,他们不能将恐惧、恐怖主义或迷信用在演讲之中。他们不能提供当下酬劳或此后酬劳,也不能用暂时性伤害进行威胁。[62]

法律禁止的第三类不正当影响是,通过诱拐、胁迫或其他欺诈性行为或计谋来影响选举结果。迄今为止,还没有诱拐或胁迫的案件诉到法院。[63] 只有一个案例,一个代理人员于选举之前在多个场合公开声明,他发现了一个方案,可以探测每个选民是如何投票的,后又在上万份报纸上散播,证实这是为了影响选举结果的欺骗性装置。[64]

如果一场考试的内容是关于法院认定的正当影响,我们会惊讶地发现,这些解释对于工人阶级或者说劳动阶层是多么不可思议的不公平。法院公开宣布,"对于那些拥有财产或者能提供就业机会的人,法律不能剥夺他们对那些受益于他们的人

[61] I O'M and H. ,p. 31.

[62] 4 O'M and H. ,p. 13.

[63] F. A. Parker, op. cit.

[64] Ibid.

所具有的影响”。[65] 法院基于这个理论认为，“建议佃户去为某特定候选人投票，并且要求，如果不投票，就在家待着”，这并没有越过合法影响的界限。根据法院意见，如果一个雇主解雇一个选民的动机是多样的，假设这个解雇部分是因为政党政治，部分是因为其他原因，就“不应当禁止雇主解雇员工”。[66] 关于商家和顾客的关系，若一个人公开说：“我选择和你交易，不是因为你卖给我的商品，而是关乎你的政治立场与我相同还是相对”，那么这是合法的。[67]

上述仅仅是部分上诉到法院的案例。事实上，在选举问题上，资本家完全能够利用工人阶级，这样的例子很多。巴克斯顿先生在《现代竞选活动》中记载了一些令人吃惊的故事。

在这一点上，特别值得注意的是以下一点。经常说，工党比其他政党更粗暴、流氓，或存在其他暴力行为。但公平来讲，笔者想引用下述内容来回答这个问题：

所有的权利都是正确的，

[65] 1 O'M and H.，p. 40.
[66] 6 O'M and H.，p. 241.
[67] 2 O'M and H.，p. 158.

能把你的选票转给我，
权力是错的，是最不正当的，
因为把我的选票转给了你。

# 第十章　非法行为

按照法律规定，非法行为包括非法开支、非法支付、非法就业、非法雇佣、非法声明、非法报告、非法投票，以及其他一些跟选举相关的轻微行为。除了少许例外，这些条款旨在限制选举费用。因此本书便从选举费用展开论述。

有必要对1883年《腐败行为法》通过之前的选举情况进行一个总体分析。在未改革之前，选举非常昂贵，有的极尽铺张浪费。这里可以介绍几个臭名昭著的案例。其中，值得我们注意的一个是，1768年诺坦普顿进行的“挥霍选举”案。[1] 尽管臭名昭著，但竞选激烈，主要对手有哈利法克斯伯爵、诺斯普顿伯

〔1〕 J. Grego, History of Parliamentary Elections in the Old Days, Ch.Ⅸ, pp. 227 – 246.

爵和斯宾塞伯爵。在这场挥霍烧钱的“锦标赛”中,他们为了与其他人竞争,各自提名的候选人是乔治·奥斯本(George Osborne)、乔治·罗德尼(George Bridge Rodney)和托马斯·豪(Thomas Howe)。这些候选人在这次战斗中并不算重要,相反,他们的赞助者却是主力。拉票活动早在投票之前就已经开始了,各赞助者的城堡对选民们免费开放,允许他们免费食宿。竞选让人兴奋,而选举结果也同样非常诡异。合法选民人数是930名,而最终投票的却多出了288票。每个候选人收到的票数最终被认定是相同的。“这次选举结果被认为是巧合,最终通过抽签,由斯宾塞伯爵幸运胜出。本次选举的成本是非常昂贵的。”据报道,最终获胜的斯宾塞伯爵花了10万英镑。他的竞争对手每个也花费了15万英镑。[2] 哈利法克斯伯爵直接就破产了。诺斯普顿伯爵也不得不砍掉他的树,卖作木材,变卖家产,流浪异乡,最终穷困潦倒,客死在了瑞士。

另外一个例子发生在40年后的约克郡,如果该故事可信的话,同样昂贵。这次,威尔博福斯(Wilberforce)、米尔顿勋爵(Milton)和拉塞尔斯(Laseelles)成为竞争对手。民意调查开展

---

〔2〕 George, p. 227.

了15天,刚开始,威尔博福斯的支持率很低,他的专业顾问建议他越早退出选举越好。对于威尔博福斯来说,只能通过金钱的影响才能改变他的命运。最终威尔博福斯以11,860票位于民意投票的第一位。据传,他总共花费了50万美元。该选举后来以“奥斯特里兹竞选”而闻名。[3]

令人高兴的是,以上所描述的情况随着1883年法案的通过得以终结。1918年的《人民代表法》进一步弥补了1883年法案留下的许多漏洞。这些法案的重要特点是限制了选举费用。1883年法案一方面限制了选举开支的对象,另一方面也限制了开支的总数。1883年法案明确列举了非法开支的范围。明细表的第一部分规定了候选人在选举中可以雇佣的人员。[4] 按照法律的规定,这些人包括:(1)有且只有一名选举代理人;(2)在县一级,每个选区有且只有一名选举助理;(3)每个投票站有且只有一名监察投票代理人;(4)按人口比例分派的办事员和信差,分派名额如下:在市镇,通常只设一名办事员和一名信差,每满500名选民不超过一名办事员和一名信差;在中央委员会办事厅所在的郡,办事员和信差的数量是每满5000名选民

[3] George, Ch.Ⅻ, pp. 325 - 328.
[4] 46 - 47 Vict., c. 51, schedule 1, Part 1.

不超过一名办事员和一名信差;在一个郡,在每个选区数量上不超过一名办事员和一名信差,或者每个选区每满500名选民不超过一名办事员和一名信差。[5]

该明细的第二部分枚举了候选人的合法开支。这些开支包括:(1)候选人的私人开支;(2)发表演讲、分派传单的宣传费用;(3)办公文具、信件、邮费、电报费等费用;(4)举办公共会议费;(5)选举委员会办事处的费用,该数额由法律规定。法律也规定了每个项目的最大数额。除此之外,法案还规定杂项开支的最大限额为200英镑。[6]

说到这里有两点需要注意:1918年法案废除了选举监察官的费用;[7]候选人私人开支被进一步限制到不超过100英镑,候选人所产生的任何超过该数额限制的私人费用将由选举代理人偿付。[8]

在该明细中,没有提拉票员。因此,花钱雇拉票员是非法的。也不得雇员分发传单,散布内容和通知,因此,雇佣这些员

---

〔5〕 46 – 47 Vict. ,c. 51 ,schedule 1 ,Part 1.

〔6〕 46 – 7 Vict. ,c. 51 ,Sch. 1 ,r. 8.

〔7〕 H. Fraser,The Representation of the People Act,p. 271.

〔8〕 Ibid. ,s. 31.

工都是违法的。

1918年法案还规定,“上述细则第一、二、三部分所列费用,除了支付给选举代理人的私人开支和费用(就郡选举而言,不超过75英镑,就镇选举而言,不超过50英镑,无须为了限制计算上述任何一部分的费用)不得超过以下数额:就郡选举而言,每名登记选民不超过70便士;就镇选举而言,每名登记选民不超过50便士”。[9] 允许的杂项费用(200英镑)也计算在最大额范围内。[10] 在一次选举中,如果有两个或者两个以上的共同候选人,对每个候选人而言,以上述明细中第三部分和第四部分费用的上限按照单一候选人上限的1.5倍除以联合候选人数来确定。[11]

然而,如果不与1883年法案的第八部分合起来阅读,本法案的这一部分将是无用的。第八部分规定,“在选举中,候选人或其代理人,无论是在选举前、选举中还是选举后,基于该次选举的支出,不得超过法律针对具体项目规定的总额”。[12] 任何

〔9〕 7-8 G.,V.,c.64,s.33.

〔10〕 46-7 Vict.,c.51,Sched.1,r.2.

〔11〕 7-8 G.,V.,c.64,s.33.

〔12〕 46-7 Vict.,c.51,s.8(1).

候选人或其代理人明知违反该项规定，将被判非法行为罪。[13]

如前所述，1883 年法案枚举了每个项目费用并确定了每个特定项目的费用上限。另外，1918 年法案仅仅规定了候选人平均在每个选民身上可以花费的数额。当议会在讨论 1883 年法案时，就有议员指出第一个方案不切实际，且不公平。有人认为，不同选区的规模不同，确定花费总额将会对小选区候选人是极大的不公平。此外，逐项列举具体的花费项目，不仅不必要，而且让代理人没有空间自由规划竞选方案。从这两方面来说，1918 年法案当然是一个进步。1918 年法案是在选民人数基础上计算开支，因此费用不仅仅随着选区大小变化，也跟随每个选区选民数量的增加或者减少而逐年变化。但是，这个新法案最近也遭到很多批判。有人指出，新法案的费用是按照 1918 年的物价确定的，然而物价水平每天都在变化，法律却还保持不变。休斯顿先生是一个有经验的代理人，他对现行法案的批评如下：[14]

虽然我衷心认为应当对选举费用有所限制，但我想利用这个机会说一下，在平民院议长会议讨论和商定 1918 年法案时，

---

〔13〕 46 - 7 Vict. , c. 51 , s. 8(2).

〔14〕 H. J. Houston, Modern Electioneering Practices, pp. 33 - 36.

英镑的购买力处在正常水平，基本上基于战前货币价值确定的。

基于这个事实，也产生了相当多困难。工资、印刷、报纸、住宿费用都已大幅度提升。仅仅从信封这一件物品上就能很好地说明选举费用的问题。战前每1000个信封，需要花费2.6~3便士，现在已经高达12.6便士。

在落实上限制度时，执法部门也遇到了两个严峻问题。这两个问题不解决，现行选举制度就是一个笑话。首先，选举什么时候开始？其次，"选举行为"这个术语到底是什么意思？过去没法解决这两个问题，使法律也成了一纸空文，其结果也是鼓励了"篡改"和伪造费用报告。

就第一个问题——选举从什么开始而言，法院总是保持谨慎，拒绝作出准确回答。[15] 布鲁斯法官说，"没法下定义，也没有确定明确的规则来确定选举究竟何时开始。立法机关至今没有确定明确时间，我认为，在立法机关小心翼翼回避这个问题时，不适合法官来做出一个普遍的界定"。[16] 在这种混乱的情形下，法院也在遵循自身系统确定的先例。法院认为，"这个问

〔15〕 H. Fraser, Representation of the People Act, pp. 192 – 193.

〔16〕 5 O'M and H., pp. 50 – 51.

题由承办具体案件的法官依照每个案件的情况确定”。[17] 因此，仍然是法官根据自己的意愿决定。有人认为，选举从任命选举代理人从事实际竞选开始。另有人认为，所有选举开销应当从候选人确定开始计算。无论法官过去采取何种观点，都无助于解决现有法律问题。事实上，因为法律的这些不确定性，当事人也采用过坦率的方式来规避选举费用的限制。候选人在启动正式竞选活动之前，可以敞开口袋。政党也可以在没有确定候选人的情况下进行集会，他们也可以在不任命代理人的情况下进行拉票。这些都曾有过真实案例。上限额度对英国议会选举还有什么用处呢？

在1895年的埃尔金和奈恩请愿案件中，麦克拉伦勋爵认为，“选举行为意味着在从事开展和管理选举的双方都知情并注视的情况下明确展开的选举”。[18] 在这种情况下，结果是，解释法律的人事实上就是那些从事和管理选举的人。这就等同于说，候选人和代理人才是决定选举限制的人。因为，如果他们不想告知相关事实，法院怎么可能知晓并注视选举工作人员的工作？此外，有太多方式可以隐瞒这类的“知情并注视”了。选举

〔17〕 6 O'M and H. , pp. 39, 40, 49, 50 and 5 O'M and H. , pp. 10 – 12.

〔18〕 5 O'M and H. , pp. 11, 12.

人员总是有自由的余地去处理选举费用问题。

诚然,法庭已经更进一步帮助当事人解决这些困难。在解读法案时,法院已经区分了所谓的“准候选人”和真实的“候选人”。普罗克说,[19]“我不认为‘准候选人’和真实候选人没法区分”。按照法院观点,所谓的“准候选人”,个人有自由向所在选区“培养善意并做出推荐”。因此,发生的费用都不属于1883年法案第八章规定之内。所以,悉心经营选区不仅仅成为必要,也属于合法的选举活动。

以下是法院的原则:首先,选举何时开始以及什么属于“选举行为”完全取决于法官个人根据个案事实做出决定。其次,选举从确定候选人并任命代理人之后才开始。再次,各政党可以自由确定准候选人,培养他们的善意并向所在选区推荐。最后,就准候选人而言没有时间限制。根据法院确定的这4条原则,各政党面对无论是1918年法案还是1883年法案第八章规定的开支限额都毫无困难。实际上,这些法律已经形同虚设。

此外,还有一些其他方式来回避法律。虽然,法律禁止政治组织在竞选期间从事选举活动,但这些组织可以在确定候选人

---

〔19〕 O’M and H. ,p. 28.

和任命代理人之前展开活动。只要时机成熟,必须要遵守某些形式,这些组织可以轻而易举地通过决议暂时搁置它们的存在,以迎合法律要求。他们的算盘迄今为止也打得很精彩。这在英国成为所有政党采用的方法。因此,他们之间也就此达成了共识。

还能找到一些更简单,甚至更加肆无忌惮的计谋来满足法律规定。一系列的开支条目加在一起构成一个整体,如果缩减某系列条目的开支,就可以在其他条目上多花一点,事实上这是一个再简单不过的算数命题了。大多数候选人及其代理人都深谙此道,能够最有效地利用这个规则。常见的做法是,一个二级代理人会向候选人免费提供建议。候选人也能够很容易地让雇员接受这样一个提议,如果他能保证这样的安排仅仅是为方便代理人做出正确报告的折中办法,雇员也会因为他实际的付出获得 2 倍或者 3 倍的报酬。在写费用报告时,代理人可以很容易地从 10 ~ 15 英镑中扣除 3 英镑。从技术上讲,这就是所谓的"伪造"报告,也是大多数选举代理人所掌握的常见手段。

为了使现有法律切实有效,有人提出一些建议。裴弗瑞在其书中建议,本着改善法律之目的,"候选人或其代理人支出的费用至少应从选举日前的 6 个月开始计算,除非这段时间已经有其他选举在举行，他们可以从前一选举日期开始计算。同时，依照法律规定计算选举费用”。裴弗瑞先生指出，这样修改的效果就是，“每个候选人都将知道，在任何6个月内，他的开支都可能作为选举费用。到那时，候选人就会警觉起来，拉拢选民也就不再是件奢侈的事情了”。这个建议可能要比现行法律更加合适。但是，需要指出的是，这6个月的限制可能跟“确定候选人和任命代理人”是一样的。换句话说，在这种情况下，各政党就是尽早开始拉拢工作，在选举前几个月停止。这种管理在递补选举中很容易，因为政党实际上可以通过操纵现有议员的辞职时间，控制选举时间。

为了完善“伪造”报告的现象，金先生和裴弗瑞先生建议，[20]“报告内容应当公开接受直接的质疑……在确定的时间内，可以到选举监察官那里提出争议，并且，不需要正式的请愿，就能上诉到高等法院”。笔者完全同意这个建议。

按照法律规定，在任何选举中，为了帮助某个候选人竞选，花钱、收钱或签订合同，以快马或者马车，抑或是以铁路或其他方式，运送选民往返投票站，都是非法的。[21] 向选民付费使用

〔20〕 J. King, Electoral Reform, pp. 114 – 118.
〔21〕 46 – 7 Vict., c. 51, s. 14.

房屋、土地、建筑物,展示演讲内容、选票、通知,除非该选民是广告代理商,在其正常业务内收费展示广告,或是选举办公室超出了法律允许限额,都是非法的。[22] 在选举中,候选人、代理人或其他人,在选举前、选举中或选举后,为了竞选或管理选举,除了通过选举代理人或选区的次级代理人之外,支付款项或押金;或是,为了上述目的,除候选人之外的其他人,无论是以礼物、贷款、预付款还是押金的方式,向候选人或代理人之外的其他人提供资助,都是非法行为。[23] 自候选人宣布竞选成功之日起14天内,如果没有法院的判决或要求,还没有向选举代理人送达支付申请,或是在候选人宣布当选20天后,支付上述费用,都是非法行为。支付请求如果并未自被推选的选举人发给选举代理人,并且没有主管法院做出判决或者发布命令或者高等法院的许可,或者支付任何以上所述费用,都是违法的。[24] 任何人如果明知违反法律规定仍提供支付的,属于非法行为。[25] 在任何选举中,任何人通过支付或者承诺支付腐败引诱或者导致他人

---

〔22〕 46 –7 Vict. ,c. 51. s. 7.

〔23〕 46 –7 Vict. ,c. 51 ,s. 28.

〔24〕 Ibid. ,s. 29.

〔25〕 Ibid. ,s. 13.

放弃竞选,或者因为获得支付或者支付承诺而在选举中放弃竞选,违反法律规定的,属于非法行为。[26] 任何人在选举中为乐队、火炬、旗帜、标语、帽徽、缎带或者其他区别标识付款、收款或者签订支付协议,都属非法行为。[27] 但是,免费提供旗帜、标语、缎带不是违法行为。

下一个问题是非法雇佣和非法招聘。有人指出,法律限制了候选人在竞选中可以雇佣的人数。雇佣人数超出法律规定限额的,都是非法行为。[28] 任何人租用、借用或者雇佣马车、马或其他动物,运送选民往返投票站,或为实现以上目的,雇佣、借用或者使用以上所列动物的,都是属于非法行为。[29] 任何人使用下列地方作为选举委员会办公室,都是非法行为:(1)许可售酒的地方;(2)销售、供应酒精饮料的俱乐部或社团,但政治俱乐部除外;(3)以消费为目的销售任何茶点的地方;(4)每年接收津贴的公立小学。[30]

第三点就是非法陈述和非法报道。任何人在选举之前或者

---

〔26〕 46 –7 Vict. ,c. 51 ,s. 15.

〔27〕 Ibid. ,s. 16.

〔28〕 Ibid. ,Schedule 1.

〔29〕 Ibid. ,s. 14.

〔30〕 Ibid. ,s. 20.

选举之中为帮助某个候选人当选，明知错误而发布另一候选人退出选举的陈述，属于非法行为。[31] 为了影响候选人选举，在没有证据的情况下，拟定或发布关于某候选人人品或行为的错误陈述，是非法行为。[32] 候选人及其代理人或在某选区内的次级代理人，印发、出版或者上传，或者让别人代为印刷、出版或者上传广告、标语或者海报，映射选举而未能标注出版人和印刷人姓名、相貌和地址的，属于非法行为。[33] 未经授权，候选人或其代理人没能遵守法律公布选举支出的要求，属于非法行为。[34] 选举监察官错误退还押金或错误回答选民提出的选举问题，构成非法行为。[35]

最后要提到的是非法投票。在大选中，任何人未按照1918年法案规定，在自己选区之外的多个投票站投票，或者为此目的，申请多张选票的，都属于非法行为。[36] 投票代理人在授权选区以外的选区投票，构成非法行为。[37] 任何人在一次选举

〔31〕 46－7 Vict.，c. 51，s. 9.
〔32〕 58－9 Vict.，c. 40，s. 1.
〔33〕 58－9 Vict.，c. 51，ss. 18，25.
〔34〕 Ibid.，s. 33(6).
〔35〕 14－4 Vict.，c. 67，s. 88.
〔36〕 7－8 G. 5，c. 64，s. 22.
〔37〕 Ibid.，sched. Ⅲ，r. 10.

中,在任何选区除了与代理人是夫妻、父母或者兄弟姐妹关系外,代理或试图代理两个以上选民投票,属于非法行为。[38] 在任何选举中,知道或者有合理理由相信代理文书已经被取消或者选举代理文书签发人已经死亡或者不再有投票资格,而仍然依据代理文书进行投票或者试图投票的,属于违法行为。[39] 在明知本人被禁止投票而投票,或者明知他人被禁止投票而引诱他人投票,都属于1883年法案规定的非法行为。[40]

至于对这些违法行为的惩罚措施而言,法律规定:针对犯有非法行为的,可以按照管辖权法案规定的方式进行公诉。[41] 也可以处以不超过100英镑的罚金,并从判决有罪之日起5年内不得注册为选民,或不得在非法行为地所在的郡或者镇进行投票。[42]

候选人或其代理人本人犯有非法支付、非法雇佣、招聘等行为,被定非法行为罪的,依法给予处罚。[43]

---

〔38〕 7-8 G. 5, c. 64, sched.Ⅲ, r. 10.
〔39〕 7-8 G. 5, c. 64, sched.Ⅲ.
〔40〕 46-7. Vict., c. 51, s. 9.
〔41〕 Ibid., s. 54.
〔42〕 Ibid., s. 10.
〔43〕 Ibid., s. 21.

# 第十一章　选举诉讼

1868 年之前，选举有效性由平民院决定。因此，在判决此类案件时，党派偏见扮演了重要角色，出现了许多针对少数党的不公。作为改革措施，平民院于 1770 年决定设立一个特别选举委员会来处理选举纠纷。但是，这并未能彻底消除党派影响。最终，1868 年选举请愿案件的审判，无论诉由是选票计算错误，腐败还是非法行为，都由司法机构裁决。1868 年的《议会选举法》是第一个就选举诉讼问题作出专门规定的法案，明确了此类案件的管辖范围和适用程序。该法第 15 条规定，“除依照本法规定外，不得向议会提出选举质疑”。[1] 因此，选举有效性问题成为司法问题，通过司法程序来解决。

---

〔1〕 31 – 32 Vict. ,c. 125 ,s. 50.

但是,这种司法权并非毫无限制。首先,该法规定,如果“法院承认选举是基于1872年法律所确立的原则,且违法或错误不足以影响选举结果”,那么,不得以没有遵循某些不重要的形式宣布选举无效。[2] 其次,1918年的《人民代表法》进一步规定,“不得以未遵循本章规定,或者与投票区或投票站不正式有关的内容,对选举进行质疑”。[3]

随着这两项法律的修订,不重要的选举纠纷自然就不会提起,选举诉讼实际上已经缩小到腐败和非法行为。另外,过去平民院对其议员的审判权并未彻底解除。在选举诉讼时效已过或选举已被撤回之后,平民院有权对影响议员或者其席位的任何问题做出决定。一个具体的例子是,平民院有权任命选举委员会,就任何选举问题进行调查。[4]

如果某个郡或者某个县有两个或者两个以上选民在某个成员退还押金后的21日内,或者议会召开的14日内,向平民院提交请愿书,声称选举中普遍存在腐败或者非法行为,或是选举法官报告类似情况,议会两院可以联合向陛下申请任命特派员,就

〔2〕 35-6 Vict.,c.33,s.13.
〔3〕 7-8 G.,c.64,s.31.
〔4〕 46-7 Vict.,c.51,s.12.

是否存在腐败行为进行调查。[5] 如果议会两院存在不同立场，无法联合向陛下提出申请，有时可以通过特别法案来任命特派员。[6]

任命的特派员必须是执业不低于7年的律师，并且，不能是议会议员，除了市或郡记录员外不能担任政府内任何有收益的职位。特派员通常由3人组成。[7] 任命以后，特派员有权就非法和腐败行为进行调查。如果发现该类行为果真存在，他们可以就上一次选举进行调查，并可以以此类推，只要他们认为合适，可以一次次追溯之前的选举。[8]

召开会议和进行调查与我们接下来要讲的选举法院的诉讼程序有些相似。这里需要指出的是，从1880年以来一直没有任命特派员，直到1906年，任命特派员调查伍斯特发生的腐败案件。此后，再也没有任命特派员。

提起请愿的理由是选举或推选无效或没有推选。[9] 就第一种情形而言，主要有：(1)并不是真的选举；(2)选举没有遵循

---

〔5〕 15－16 Vict.，c. 57，s. 1.

〔6〕 Ibid.，s. 65.

〔7〕 15－16 Vict.，c. 57，s. 1.

〔8〕 46－47 Vict.，c. 51，s. 12.

〔9〕 31－2 Vict.，c. 125，ss. 5，40，52，53.

现行选举法的原则;(3)竞选成功的候选人或其代理人存在选举法规定的非法行为。推选可能因为不正当或者双重推选而被宣布无效。关于双重推选,需要提到的是,如果候选人之间打成平局,选举监察官无法抉择或不愿抉择,可以做出双重推选。

选举请愿也可以是因为下述事项:(1)推选中的某些特殊事项;[10](2)选举监察官的行为;[11](3)选举监察官针对提名书异议所做的决定;[12](4)针对选票产生的任何问题。[13] 可以请求审查或重新计票,或有限的重新计票。[14]

选举请愿可以就席位提出主张。在这种情况下,可能会涉及质证。除非涉及席位,被控告人不能进行反控,请愿人也无须提供辩解的证据。

依照法律,下列任何一人或多人都可以提出请愿:[15]

1. 对请愿所涉及的选举进行投票或者享有投票权;

2. 声称在所请愿的选举中有权被推选或者当选的人;

---

〔10〕 Ibid. ,s. 51.

〔11〕 35 – 36 Vict. ,c. 33,r. 13.

〔12〕 Ibid. ,r. 32.

〔13〕 Ibid.

〔14〕 I O' m and H. ,p. 225.

〔15〕 31 – 32 Vict. ,c. 125,s. 5.

3. 声称是请愿所涉选举中的候选人。

请愿涉及不正当推选或选举议会议员，应当在向国王助理提交结果后的21日内提出。[16] 基于所谓的非法行为或非法行为导致的腐败，而对推选提出请愿的，可以在选举监察官收到推选，或者收到相关选举成员或其代理人的选举费用申报单后的14日内提出。[17] 此处有两点需要注意。选举监察官收到推选和申报单的日期是：(a)如果收到推选和申报单的日期不同，以后者为准；(b)对于允许免去选举费用申报，则以最后授权豁免的日期为准。[18] 如果以非法行为为依据，特别声称候选人或其代理人或为此目的而与之达成默契者，自选举监察官收到选举结果和上述申报单后非法支出或有其他非法行为，该请愿可以在行为发生后的28日内提出。[19]

起初，由英格兰的威斯敏斯特和爱尔兰的都柏林拥有普通管辖权的法院负责审理选举案件。接管这些案件的法官，除现有薪水外，还可以因为履行额外的义务而赚到额外补贴。[20]

---

〔16〕 31－32 Vict.，c. 125，s. 5.

〔17〕 Ibid.

〔18〕 31－32 Vict.，c. 125，s. 6.

〔19〕 Ibid.，s. 40，(a)，(b).

〔20〕 31－32 Vict.，c. 125，r. 52.

1881 年议会通过了新的法案,规定审理选举案件的法官应当从高等法院王座法庭的法官中选择。[21] 这些法官依照多数决规则于每年 12 月 4 日或之前确定。总共由 3 名成员构成,该 3 名成员都不得担任上议院议员。直到现在,审理选举案件的法庭仍然是王座法庭。

当然,只有请愿所针对的人才可以成为被诉人。大多数情况下,这些被诉人是竞选成功的候选人。当请愿所针对的是选举监察官的行为时,除了允许他人代替之外,该监察官是被诉人。[22] 判决认为,选举监察官做被诉人的先决条件归责于不正当行为——对于那些虽然有错但是依据法律(如基于提名文件的有效性问题)做出的善意决定,并不是法律意义上"针对选举监察官行为的投诉"。如果在选举案件审理之前,被诉人发生如下事件,并且这些情况已经做出适当通知,那么在请愿所涉及的选举中任何本可以成为请愿人的公民都可以向法庭或者法官申请作为被诉人就请愿做出反驳,符合条件的申请人也将会被承认为共同被诉人或者取代之前的被诉人:(1)被诉人死亡;(2)被诉人作为世袭贵族被召唤至议会;(3)平民院认为被诉人

〔21〕 44 -45 Vict. ,c. 68 ,s. 13.
〔22〕 31 -2 Vict. ,c. 125 ,s. 51.

的职位已经空缺;(4)被诉人做出让步并且按照规定的时间和方式告知法庭他并不打算就请愿提出反驳。如果被诉人已经按照法律规定告知其本人不打算就请愿提出反驳,他将失去出庭资格和在之后的庭审程序中作为抗辩方的资格,也不得出席平民院并参加投票,除非平民院已经被告知请愿报告。法官或者法庭负有向平民院报告请愿案件的义务。需要注意的是同一请愿案件可以有两个或者多个被诉人。多个请愿案件也可以为了方便而合并审理。但是,在合并审理的情况下,每个申诉应当被视为单独案件。

如上所述,请愿应当在适当时间向适当的管辖机关提起。但是,请愿也应当按照法律规定的方式进行。首先,请愿"应当按照法律规定的方式,阐述法律列举的事项"。[23] 请愿书应当提交到王座法院的庭长办公室,庭长也应当按照请愿人的要求出具收据。请愿书附带的材料应当包括:(1)请愿书的复印件,以便庭长发送给相应的郡或者区选举所对应的选举监察官。(2)请愿人或其代表的签名信件,告知代理人的姓名或者告知他们将亲自参加审理程序,并告知3英里以内邮政总局的地址,

〔23〕 31－2 Vict.,c.125,s.20.

以便接收相关材料。请愿服务的方式应当尽可能地以文书或者与传票相近的方式进行。其次,服务之后,请愿人或者他们的代理人应当将他们的请愿相关的服务方式和时间的陈述向庭长登记备案。请愿人和被诉人可以委托代理人担任他们的委托人,代理人也应当告知法庭办公室上述相同内容。

请愿书应当依据法律(1868 年法案)告知请愿人的权利,选举的举行和结果以及请求的事实和理由。请愿书应当分段撰写,每段应当尽可能准确地描述一个主题,并依次编好号码。请愿书应当以请求结尾,如依照案件的具体情形,请求推选或确认选举某个特定的人,或者应当确认选举无效,或者强制执行推选结果。请愿书也必须由请愿人签名。

不得仅仅因为形式上的细微瑕疵而驳回请愿。但是,如果请愿书的语言太过笼统、模糊,以至于无法确定它的含义,该请愿书可能会被认为不充分。没有合理理由不得控告个人。[24]如果需要审查,申请人可以就席位提出主张,否则,不允许进行审查。

请愿书可以印刷,也可以手写,可以是纸质的,也可以是羊

〔24〕 3 O' m and H. ,p. 99.

皮纸制的。最后,请愿书一定要有所有请愿人的亲笔签名和身份标记。仅仅签署委托书是不够的。

在向法庭提出请愿之后,可以通过法律程序撤回请愿。首先,法律规定,撤回请愿应当通过特别申请并交给法庭。申请应通知相关的郡或者区,通知中应当告知申请人的目的是撤回申请。该撤回请愿的通知应当采用手写的方式,[25]并由请愿人或者他们的代理人签名。通知中也应当阐述申请撤回的理由。[26]其次,在就撤回请愿的申请进行听证时,任何人,包括与请愿相关的请愿人都可以向法院申请取代向法院撤回请愿的人成为请愿人。[27] 法庭可以决定允许如上所述的申请人成为新的请愿人,在合适的情况下,也可以要求将原请愿人的担保作为新申请人的担保。

在请愿人人数为两人或者两人以上时,除非所有请愿人一致同意,不得作出撤销请愿的申请。[28] 与此同时,申请一定要有附带的书面证词支持。[29] 在每个撤回申请的案件中,法庭都

〔25〕 31 –2 Vict. ,c. 125,s. 35.

〔26〕 Ibid. ,rules 46,47.

〔27〕 Ibid. ,s. 35.

〔28〕 Ibid. ,s. 35

〔29〕 40 –47 Vict. ,c. 51,s. 41.

应当向平民院议长报告其决定。[30] 最终撤回请愿的通知应当发送给被诉人和选举监察官，而选举检查官也应当在所在郡或者区将该通知公之于众。

与上述主题密切相关的是终止问题。总体而言，请愿终止有两种方式。如果请愿人是一个人，该请愿人死亡的，请愿终止。如果请愿人是多人，都死亡的，请愿终止。任何情况下，请愿终止都不影响请愿人偿付之前所发生的费用。在选举请愿终止的情况下，应当在合理的时间内通知请愿相关的郡或者区。其他人可以申请替代成为新的请愿人。

对于合理提出的请愿，没有出现撤销或者终止的情况，应当由选举法院审理。之前，选举请愿由一个法官审理，但是，1879年法案规定，每个选举请愿的审理以及对撤销选举请愿的听证，都应当由两名法官负责。[31] 1868年《议会选举法》规定，跟郡或者区选举相关的请愿案件都应当在郡或者区审理，除非有“特殊情况”，法庭认为应当在其他郡或者区进行。然而，在其他地方审理更加节约成本更加便捷的这种“特殊情况”却从未发生。[32]

---

〔30〕 40 – 47 Vict. , c. 51, s. 41

〔31〕 42 – 43 Vict. , c. 95, s. 2.

〔32〕 H. Fraser, Law of Parlimentary Elections and Election Petitions.

案件审理的时间和地点由法官按比例确定。[33] 同时，应当在审判日 14 天以前，按照法定方式公告审理时间和地点。[34]

在审理过程中，主审法官可以视时间和地点宣布延期审理。[35] 在要求重新计票或审查旧票的情况下，由法官依据法律进行。如果案件涉及腐败和违法行为，有必要传唤和询问证人，法庭可以做出传唤和询问的决定。法律规定，“证人应当在条件允许的情况下，以与初审法院庭审相同的方式传唤和宣誓，并承担与作伪证相同的处罚”。[36] 该法还规定，“法官可以签发命令，强制要求跟请愿选举相关的特定人作为证人出庭。如果拒绝遵循该命令，将被判为藐视法庭。法官可以询问任何强制出庭的证人，也可以询问虽未作为证人被传唤也未被请愿当事人询问的法庭上的任何人员。这些证人可以由请愿人和被诉人一方或者双方或者他们的代理人交叉询问”。[37]

除证人外，平民院的速记员或其代理人也可出庭，在法官面

[33] Petition Rules 31. p. 21.

[34] 31 – 32 Vict. , c. 125, s. 11(10).

[35] Ibid.

[36] Ibid. , s. 31.

[37] Ibid. , s. 32.

前宣誓将会如实记下并用语言详尽地誊写在庭审中提交的证据中。[38]

关于庭审值得一提的最后一点是法官的决定和报告。如果法官没有按照原定庭审时间出庭,或者庭审延期进行,庭审的开始时间应当依据事实以真正开庭的时间为准,依此类推。[39] 法官做出的决定是终审决定。如果庭审的两名法官认为并未适当选举或者推选候选人,但是就其他部分无法达成一致,这两名法官应当声明差异之处,并宣布选举无效。如果法官就向平民院议长报告的主题存在异议,法官应当就差异进行证明,而对于持不同意见的主题不作出报告。[40] 但是,如果法官就选举或者推选出的候选人是否为正当选举或者对推选存在异议,则视为适当选举或者推选。[41] 决定做出时,法官应当立即以书面形式向平民院议长证实其结论。涉及腐败行为的案件中,法官除了证明如上结论外,也要就如下事项作出报告:(1)是否已获悉在选举或者推选中候选人已从事腐败行为或者明知并同意腐败行

〔38〕 31 –32 Vict. ,c. 125,s. 23.
〔39〕 Petition Rules 35.
〔40〕 42 –3 Vict. ,c. 75. s. 2.
〔41〕 31 –32 Vict. ,c. 125,s. 11(14),(15).

为;(2)在庭审中已经证实犯有腐败行为的人员名单,无论腐败行为是什么,无论是否有理由相信腐败行为已经在请愿相关的选举中广泛存在。除此之外,法官也可以向平民院做出特别报告,就庭审中发现的应当向平民院提交的事项做出详细叙述。[42]

与此相关的一个问题是,选举请愿案件中所发生的费用应当由谁来承担?法律规定,所有费用,包括诉讼费用和请愿陈述相关的附带开支,以及随之发生的庭审开支,除如下依照法律明确列举的费用、诉讼费用和附带开支外,法庭可以决定请愿当事人承担的比例和方式。[43] 例外费用包括:(1)法官的费用以及审判地治安官或者市长的接待费用,法庭费用以及法官认为适宜传唤和询问的证人费用,应当由国库承担。[44] (2)当请愿被撤回时,被诉人所发生的费用应当由请愿人承担。[45] (3)选举监察官出版任何法律所要求的出版物费用,等等。[46] 法庭也可以要求请愿相关的郡或者区承担相关费用,或者在有充分理由

〔42〕 31 -32 Vict. ,c. 125,s. 11(4)(5).

〔43〕 Ibid. ,s. 41.

〔44〕 Ibid. ,ss. 28,30,31.

〔45〕 Ibid. ,s. 35.

〔46〕 Petition Rules,No. 12.

的情况下，要求某些人承担所发生的全部或者部分费用。[47]

选举法官现在也可自由裁量收费标准。通常所遵循的规则是费用随事件原则。[48]

在请愿获胜之后，在如下案件中都可以免除请愿人的费用：(1)请愿主要目的已经失败，只在某些小点上获得成功。(2)已经提交互相指控的案件，或者已经展开审查，互相指控的案件双方都已成功或失败。(3)选举无效不是因为被诉人或其代理人的行为，而是在普通法上选举无效，等等。另外，在某些被诉人成功的案件中，也可以免除被诉人费用，例如，在表面上证据确凿的案件中，有合理理由阐述请愿和进行询问，但是如果请愿人的证据是以不合理的方式收集，结果却并非如此。或者，如被诉人或其代理人犯有某些违法行为，但这些行为并不足以使选举无效，等等。

在最近的案件中，法庭日益倾向根据请愿所涉及的特定问题分摊成本。因此，在某些问题上，请愿人可能获偿，但在别的问题上，被诉人可能获偿。经常发生的情况是，双方平等地按照

---

〔47〕 46 – 7 Vict. ,c. 51 ,s. 44.

〔48〕 I O' M and H. ,p. 7.
6 O' M and H. ,p. 131.

他们各自的责任大小按比例承担某些问题上的费用。

在选举监察官作为被诉人的情况下，法庭也可以要求选举监察官支付或者获偿所支付的成本。[49]

我们现在讨论保证的问题。在提交请愿时，或在提交请愿后3日内，必须代表请愿人对他可能要支付的所有费用和开支提供保证。由其支付的对象包括(1)经传唤代表他出庭的证人;(2)选举或者请愿所针对的人员。

按照法律规定，保证数额为1000英镑。提供保证金的人数不超过4个，可以是保证金，也可以是其他形式的保证。[50]

迄今为止，我们已经讨论了如何在法庭提起请愿，以及法庭如何做出决定。但是，需要注意的是，选举结果的最终改变一定要由平民院执行。收到选举法院的报告后，平民院应当要求报告记录工作日志，同时根据具体情况做出确认和更改推选或者发布重新选举的文书，或者执行法院决定等必要指示。在法庭做出特别报告的时候，平民院应当在合适情况下就该特别报告发出命令。[51]

---

〔49〕 31－32 c. 125 s. 6(4).

〔50〕 Ibid. ,s. 6(5).

〔51〕 31－2 Vict. ,c. 125,s. 14.

关于选举请愿的法律程序就讲这么多。讲到此处,我们就该体系提几点看法。前文已经指出,当前利用该机制的趋势日益减弱。当然,这与其说是因为选举条件已经提升到一个更高的道德水平这一错误假设,毋宁说是因为请愿系统本身的缺陷。

首先,法律规定只有选民和竞选失败的候选人可以成为请愿案件的原告,该规定有些不合逻辑。目前而言,相关的法理似乎认为,选举违法行为侵犯的仅仅是落选的候选人或者那些支持后者的人的利益。恰恰相反,选举违法行为侵犯的是国家和公共道德。因此,起诉的责任应当是国家,而不是现在所规定的某些个人。巴克斯顿(Buxton)先生建议说,"正如其他违法行为一样,像贿赂、请客和不正当影响案件,无论是否有人提起请愿,都应当由警察处理"。[52] 当然这样的建议值得严肃考虑。

其次,过去法律规定这类案件由 1 名法官审理。现在改为由 2 名法官审理。这里,我们不去讨论该变化是进步还是退步。笔者想指出的是,由 2 名法官组成的法庭本身就是一个不良的

---

〔52〕 Buxton, Election Up-to-date, Ch. Ⅵ, p. 66.

设计。当今世界上,还没有比让偶数人员来决定有争议的案件更荒谬的事,而最糟糕的是,由最小偶数单位——2 名成员组成。这样的机制在运行过程中最有可能产生僵局情况,不是这样吗？如果是 6 名或者 8 名或者 12 名法官组成的法庭,情况可能会好一点。现在的情况是,选举法庭由 2 名法官组成,他们的意见在任何时候都可能会相左,因此,他们随时都可能会陷入僵局或成死结。除了向平民院报告之外,没有任何方式来应对这样的僵局或者死结,也没有法律规定平民院可以采取何种措施来解决这些分歧。而所有的这些都是由于组织不合理的审判体系。正如现在的情况,任何一个法官,如果他有政党偏见,就可能会凭借个人意志阻碍选举请愿。那么,现有的体制下,公正的保证在哪里？

再次,选举请愿体系极为昂贵,以至于它事实上剥夺了贫穷候选人或者选民受法律保护的权利。上面说到保证金的门槛是 1000 英镑。但是,有多少普通候选人或者选民为了选举请愿能在银行存这么多的存款？因此,选举请愿系统实际上赋予了富人一个难以置信的优势,事实上,也是为那些支付得起如此高额费用且在选举中从事腐败和非法行为的人提供了保障。

除此之外,还有如咨询费用、作证费用和其他许多预料之外的费用。如果一方在选举请愿中失败了，而这种失败的可能性在现有运行不良的体系下是非常可能的，他就可能不得不承担双方发生的所有费用。因此，启动选举请愿程序事实上也就意味着请愿人开始承担家破人亡的风险。而这不就恰恰解释了为什么在过去几年里选举请愿案件如此之少了吗？

最后，请愿时间的限制也应当延长。根据现有制度，请愿应当在特定时间限制内进行，超过该限制，任何人都不得质疑选举结果。在这种情况下，从事违法行为的候选人很容易玩阴谋诡计来僭越法律。所有对违法和腐败行为的质疑都应当在选举之后极短的时间内进行，再一次充分解释了“为什么运用该项法律的案件越来越少”。〔53〕 这些限制有必要吗？在超出时限之后进行的腐败和违法行为又怎么能在法律规定的时限内发现呢？

所有的这些事实都说明应当对现有法律进行修订。当然，有建议说，在法理学上，惩罚性的原则如果作为指导原则不如预防性原则。如果能在选举体系上做一些改进，对请愿条款的需求也会减少。巴克斯顿先生说，“不要认为，我仅仅是建议法律

〔53〕 Buxton, Election Up-to-date, Ch.Ⅵ, p.66.

限制作为弥补上述恶的最后救济手段。这些恶是更深弊病的表面症状。而这些症状之下则是公共意志在作祟”。[54] 笔者当然全面支持巴克斯顿先生如此充分且明智的观点。但是,事实是,培养健康的公共意志和改革法律应当同步进行。

---

〔54〕 Buxton, Election Up-to-date. Preface, p. 9.

# 译后记

本书翻译是我近 20 年来从事罗隆基人权理论研究的一个副产品。在罗隆基博士学位论文中文版本出版之际,在此,特别感谢日本广岛大学学者水羽信男教授给我提供的罗氏博士学位论文英文版本的缩微胶卷复印!

非常感谢中国政法大学李树忠教授把本书中文版本纳入“英宪精译”系列丛书,如果没有李树忠教授的帮助,本书译本难以问世。

衷心感谢中国政法大学法学院李松锋博士的推荐与校对,松锋博士为本书校对与出版,付出极大辛劳!

感谢我的研究生林栋、张亮对本书翻译提供帮助。

是为后记。

刘志强

广州大学人权研究院

2020 年 1 月 10 日

**图书在版编目(CIP)数据**

英国议会选举研究 / 罗隆基著；刘志强译. -- 北京：法律出版社，2020
(英宪精义 / 李树忠主编)
ISBN 978-7-5197-4019-1

Ⅰ. ①英… Ⅱ. ①罗… ②刘… Ⅲ. ①议会-选举-研究-英国 Ⅳ. ①D756.123

中国版本图书馆 CIP 数据核字(2019)第 248607 号

**英国议会选举研究**
YINGGUO YIHUI XUANJU YANJIU

罗隆基 著
刘志强 译

策划编辑 沈小英
责任编辑 刘晓萌
装帧设计 李 瞻

**出版** 法律出版社
**总发行** 中国法律图书有限公司
**经销** 新华书店
**印刷** 中煤(北京)印务有限公司
**责任校对** 王晓萍
**责任印制** 吕亚莉

**编辑统筹** 法治与经济出版分社
**开本** A5
**印张** 7.75
**字数** 138 千
**版本** 2020 年 5 月第 1 版
**印次** 2020 年 5 月第 1 次印刷

法律出版社/北京市丰台区莲花池西里 7 号(100073)
网址/www.lawpress.com.cn
投稿邮箱/info@lawpress.com.cn
举报维权邮箱/jbwq@lawpress.com.cn
销售热线/400-660-8393
咨询电话/010-63939796

中国法律图书有限公司/北京市丰台区莲花池西里 7 号(100073)
全国各地中法图分、子公司销售电话：
统一销售客服/400-660-8393/6393
第一法律书店/010-83938432/8433 西安分公司/029-85330678 重庆分公司/023-67453036
上海分公司/021-62071639/1636 深圳分公司/0755-83072995

**书号**：ISBN 978-7-5197-4019-1 **定价**：80.00 元
(如有缺页或倒装，中国法律图书有限公司负责退换)